U0719870

跨境电商物流

主　编：陈　璐　庞丽艳

副主编：杨宇清　张　妍　李国栋

主　审：黄兆牛

参　编：廖常羽　黄　剑　刘新全　杨　军

　　　　李蔼倩　陈　煜　龚慧娟

中国财富出版社有限公司

图书在版编目（CIP）数据

跨境电商物流 / 陈璐，庞丽艳主编 . — 北京：中国财富出版社有限公司，2022.4

ISBN 978-7-5047-7693-8

Ⅰ . ①跨… Ⅱ . ①陈… ②庞… Ⅲ . ①电子商务—物流管理 Ⅳ . ① F713.365.1

中国版本图书馆 CIP 数据核字（2022）第 064960 号

策划编辑 黄正丽	**责任编辑** 白　昕　赵晓微　郑泽叶			**版权编辑** 李　洋	
责任印制 尚立业	**责任校对** 杨小静			**责任发行** 敬　东	

出版发行	中国财富出版社有限公司		
社　　址	北京市丰台区南四环西路 188 号 5 区 20 楼	**邮政编码**	100070
电　　话	010-52227588 转 2098（发行部）	010-52227588 转 321（总编室）	
	010-52227566（24 小时读者服务）	010-52227588 转 305（质检部）	
网　　址	http：//www.cfpress.com.cn	**排　　版**	宝蕾元
经　　销	新华书店	**印　　刷**	宝蕾元仁浩（天津）印刷有限公司
书　　号	ISBN 978-7-5047-7693-8 / F·3425		
开　　本	787mm×1092mm　1/16	**版　　次**	2023 年 12 月第 1 版
印　　张	11.25	**印　　次**	2023 年 12 月第 1 次印刷
字　　数	226 千字	**定　　价**	45.00 元

前　言

随着经济全球化的发展，世界各国间的贸易往来越来越频繁，跨境电商已成为时代的主题。伴随着互联网基础设施的完善和全球性物流网络的构建，跨境电商进入迅猛发展阶段，客户足不出户就能轻松"全球购"。为满足日益增长的跨境电商物流人才的需求，广西交通运输学校教学团队联合北京络捷斯特科技发展有限公司专家团队共同编写《跨境电商物流》，旨在打造全链路跨境电商物流知识体系，为跨境电商物流人才培养提供高质量的教材。

本书在内容组织与安排上具有以下特点。

第一，以学习任务为导向，强调学生主动参与、教师指导，实现教、学、做一体化。

第二，图文并茂，内容通俗易懂，形式新颖活泼，并以二维码的方式展示相关视频与资料，学生可以随扫随学，激发学生自主学习能力，实现高效课堂。

本书由5个项目、18个任务组成，项目一为认识跨境电商物流，项目二为跨境B2B物流方式，项目三为跨境B2C物流方式，项目四为保税仓业务模式，项目五为跨境电商支付与结算。

本书由广西交通运输学校陈璐和庞丽艳担任主编；广西交通运输学校杨宇清、张妍，北京络捷斯特科技发展有限公司李国栋担任副主编；广西交通运输学校黄兆牛担任主审；广西交通运输学校廖常羽、黄剑，南宁师范大学刘新全，广西交通职业技术学院杨军，北京络捷斯特科技发展有限公司李蔼倩等人参与编写。

在编写本书时，编者查阅和引用了许多相关资料，从中得到很多启发，在此一并对这些作者表示深切的谢意。

由于理论水平、实践经验和时间因素的制约，书中难免存在不妥之处，敬请广大读者提出宝贵建议，以便进一步修订和完善。

编　者

2023年12月

前　言

目 录

项目一　认识跨境电商物流

任务一　跨境电商概述

学习目标

通过本任务的学习，你可以达到以下目标。

1. 能描述跨境电商的发展阶段。
2. 能阐述跨境电商的概念与特点。
3. 能理解跨境电商通关监管模式。
4. 能描述我国跨境电商相关的支持政策。

任务导入

长风跨境电子商务有限公司（以下简称长风跨境电商）是一家传统的外贸企业。随着国内外市场环境的变化及国内客户对国外母婴用品需求的不断增加，公司过度依赖的澳大利亚市场在近期出现了客户需求下滑的现象，面对激烈的市场竞争环境，公司的发展遇到了瓶颈，为了能顺应瞬息万变的市场环境，公司决定开拓跨境电商业务，为公司寻求新的发展机遇。

但在开展跨境电商业务之前，公司要求电商部门对跨境电商行业进行深入调研。一方面，公司要确定跨境电商业务的前景、市场结构与国家的政策支持，综合考虑有没有进入该行业的价值；另一方面，公司也须厘清跨境电商与传统电商的区别，思考公司已有的业务基础能否在新业务的开展中发挥积极作用。

知识准备

引导问题1：跨境电商是基于传统外贸、外贸电商发展起来的，历经跨境电商1.0、跨境电商2.0、跨境电商3.0三个阶段，请查阅相关资料将表1-1-1补充完整。

表1-1-1　　　　　　　　　　　　　跨境电商的发展阶段

序号	阶段	时间	特征
1	跨境电商1.0		
2	跨境电商2.0		
3	跨境电商3.0		

⚡ 学习提示

在注重个性化、多样化的消费观念的影响下，伴随着全球经济一体化和国际供应链的不断完善，以及我国提出构建国内国际双循环相互促进的新发展格局，跨境电商业务将呈现多媒体渠道树立品牌形象、保税仓与海外仓相结合、增加独立站点消费渠道的发展趋势。

一、跨境电商的概念与特点

（一）跨境电商的概念

跨境电商（跨境电子商务）是指分属不同关境的交易主体，通过电子商务平台达成交易，进行电子支付结算，并通过跨境电商物流及异地仓储送达商品，从而完成交易的一种国际商业活动。

扫一扫

请同学们扫描右侧二维码，观看视频。

（二）跨境电商的特点

跨境电商具有全球性、无形性、匿名性、即时性、无纸化的特点。

二、跨境电商通关监管模式

众所周知，以前跨境电商通关大都没有规范的管理模式或者服务方式，造成大量的外汇收益流失，国内出口的货物无法正常退税。自2014年以来，我国海关频繁出台新的贸易监管政策。跨境电商通关监管模式主要有一般出口监管模式、保税出口监管模式、直购进口监管模式、保税电商A监管模式，具体流程分别如图1-1-1、图1-1-2、图1-1-3、图1-1-4所示。

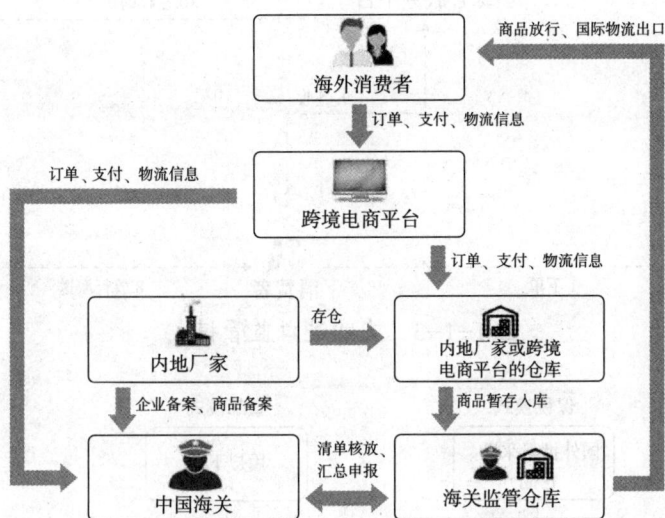

图1-1-1 一般出口监管模式

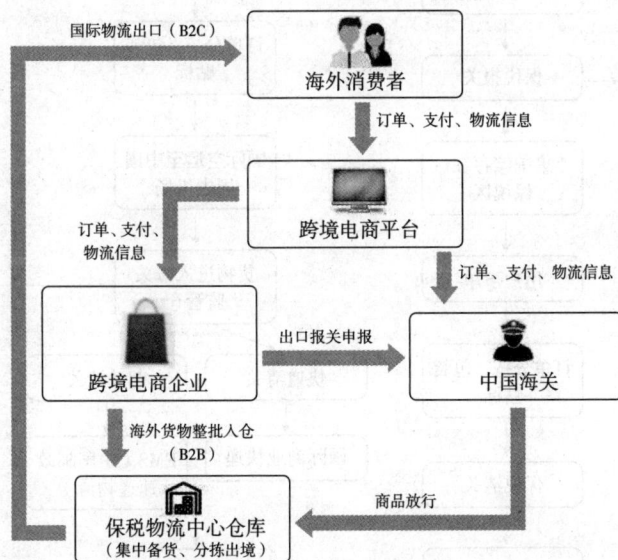

图1-1-2 保税出口监管模式

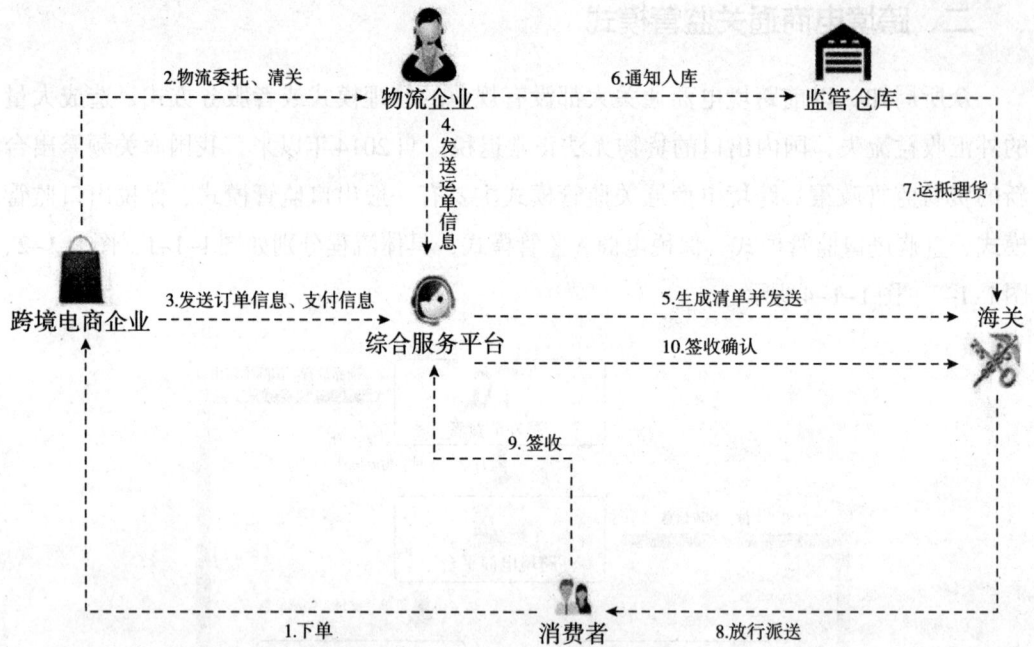

图1-1-3　直购进口监管模式

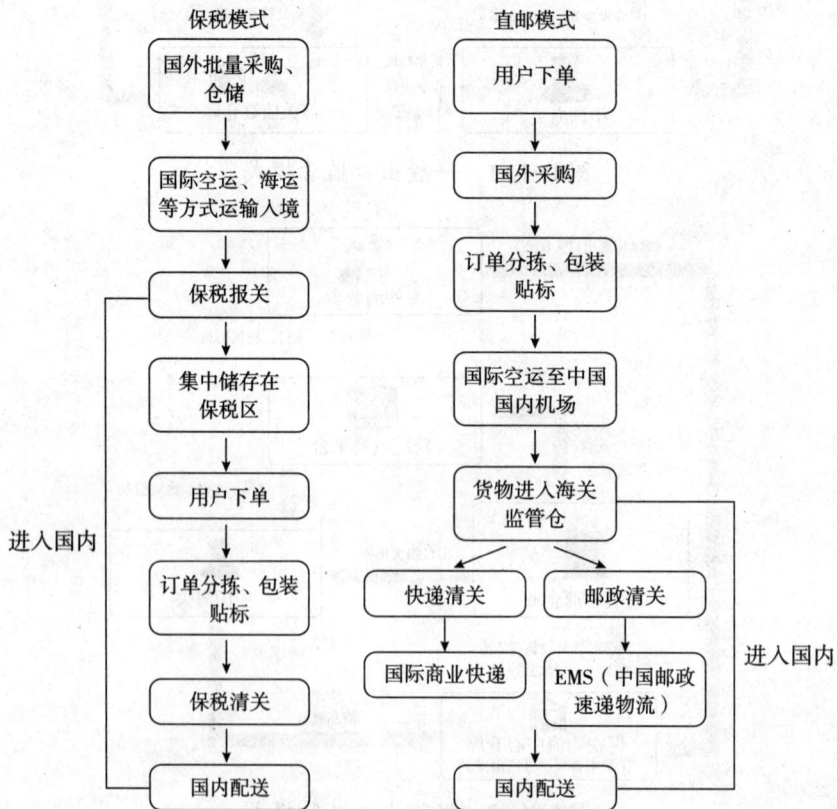

图1-1-4　保税电商A监管模式

引导问题2：请查阅相关资料，尝试总结以上四种跨境电商通关监管模式的优点、缺点，将表1–1–2补充完整。

表1–1–2　　　　　　　跨境电商通关监管模式概述、优点及缺点

跨境电商通关监管模式	概述	优点	缺点
一般出口监管模式	采用"清单核放、汇总申报"的方式，跨境电商企业出口商品以邮件、快件方式分批运送，海关凭清单核放出境，定期把已核放清单数据汇总，形成出口报关单，跨境电商企业凭此办理结汇、退税手续		
保税出口监管模式	商家将商品批量备货至海关监管下的保税仓库（保税物流中心仓库），客户下单后，跨境电商企业根据订单为每件商品办理海关通关手续，在保税仓库完成贴面单和打包工作，经海关查验放行后，由跨境电商企业委托物流企业配送至客户手中		
直购进口监管模式	商家将多个已售出商品统一打包，通过国际物流运送至国内的保税仓库，跨境电商企业为每件商品办理海关通关手续，经海关查验放行后，由跨境电商企业委托物流企业将商品派送至客户手中，每个订单附有海关单据		
保税电商A监管模式	此监管方式适用于境内电子商务企业通过海关特殊监管区域或保税物流中心（B型）一线进境的跨境电子商务零售进口商品		

三、我国跨境电商相关的支持政策

（一）国务院和国务院办公厅发布的跨境电商相关的支持政策

国务院和国务院办公厅发布的跨境电商相关的支持政策包括《国务院关于大力发展电子商务加快培育经济新动力的意见》《国务院关于同意在天津等12个城市设立跨境电子商务综合试验区的批复》《国务院关于促进外贸回稳向好的若干意见》《国务院办公厅转发商务部等部门关于实施支持跨境电子商务零售出口有关政策意见的通知》《国务院办公厅关于支持外贸稳定增长的若干意见》《国务院办公厅关于促进跨境电子商务健康快速发展的指导意见》等。

（二）海关总署发布的跨境电商相关的支持政策

海关总署发布的跨境电商相关的支持政策包括《关于跨境贸易电子商务进出境货物、物品有关监管事宜的公告》（已废止）、《关于跨境电子商务进口统一版信息化系

统企业接入事宜的公告》（已废止）、《关于增列海关监管方式代码的公告》（总署公告〔2014〕57号）、《关于跨境电子商务零售进出口商品有关监管事宜的公告》等。

⚡ 学习提示

跨境电商综合发展表现如下。

1.跨境电商综合试验区不断扩容

跨境电商综合试验区不断扩容，覆盖城市向中西部、东北部地区倾斜，保税业务城市增加，提升进口跨境电商物流时效。2020年，在已设立的59个跨境电商综合试验区的基础上，新设雄安新区、大同市、满洲里市等46个跨境电商综合试验区，将具备条件的综合试验区所在城市纳入跨境电商零售进口试点范围并支持企业共建共享海外仓。

2.发布《关于调整扩大跨境电子商务零售进口商品清单的公告》

2019年年末财政部等部门联合发布《关于调整扩大跨境电子商务零售进口商品清单的公告》，清单内商品实行限额内零关税、进口环节增值税和消费税在法定应纳税额70%征收基础上进一步扩大享受优惠政策的商品范围。

3.跨境支付规范化，结汇业务放开市场准入

2019年《支付机构外汇业务管理办法》出台，新增市场交易主体，明确交易主体可为境外主体。2020年国家外汇管理局发布《国家外汇管理局关于支持贸易新业态发展的通知》，强调支付机构可凭交易电子信息为跨境电子商务市场主体提供结售汇及相关资金收付服务。

📖 任务实施

步骤一：跨境电商的分类。

请根据现有资料及网络资源将表1-1-3、表1-1-4补充完整。

1.按交易主体的属性分类（见表1-1-3）

表1-1-3　　　　　　　　　　按交易主体的属性分类

分类	交易主体	特点	代表性跨境电商平台
B2B			

分类	交易主体	特点	代表性跨境电商平台
B2C			
C2C			

2.按运营方式分类（见表1-1-4）

表1-1-4　　　　　　　　　　按运营方式分类

平台类型	平台简介	平台盈利模式	代表性跨境电商平台
第三方开放平台			
自营性平台			
第三方+自营性平台			

步骤二：调研跨境电商平台。

各组分别挑选一个跨境电商平台进行调研，收集该平台的起源、优势、劣势、发展历程及主营业务等相关信息，然后再和其他小组进行分享和讨论，完成表1-1-5。

表1-1-5　　　　　　　　　　调研跨境电商平台

调研对象					
小组成员					
起源	优势	劣势	发展历程	主营业务	其他信息

评价反馈

学生学习评价考核

课程			姓名		学号	
任务名称				跨境电商概述		

序号	评价内容	考核标准	参考分值	学生自评分值	小组互评分值	教师评价分值	最终考核分值
1	学习能力	能描述跨境电商的发展阶段； 能阐述跨境电商的概念及特点； 能理解跨境电商通关监管模式； 能描述我国跨境电商相关的支持政策	30				
2	任务实施情况	能完成跨境电商的分类； 能调研跨境电商平台	40				
3	学习态度	态度端正，没有无故缺勤、迟到、早退现象	10				
4	学习质量	能按流程规范及操作要求完成学习任务	10				
5	团队合作能力	能与小组成员合作交流、协调工作	10				
总分			100				

任务二 跨境电商物流概述

学习目标

通过本任务的学习，你可以达到以下目标。

1.能理解跨境电商物流与传统物流的区别。

2.能描述跨境电商物流的发展历程。

3.能描述我国跨境电商物流相关的支持政策。

任务导入

中国商业正面临新一轮的转型升级，新零售是线上、线下业务结合在一起形成的一种新模式。因此，自建物流已经成为破局新零售的新策略。多年来，凭借发展优势，顺丰速运多次尝试电商业务，从顺丰优选、嘿店，到丰趣海淘，虽然存在一些争议，但在物流行业的资深人士看来，"物流＋电商"是大势所趋。

知识准备

一、跨境电商物流的概念

跨境电商物流是指采用现代物流技术，利用国际化的物流网络，选择最佳的方式与路径，以最低的费用和最小的风险，实现货物在不同国家（地区）的流动与交换。跨境电商物流的基本流程如图1-2-1所示。

引导问题1：跨境电商物流的特征有哪些？

_____

_____

_____

引导问题2：请查阅相关资料，了解跨境电商物流与传统物流的区别，将表1-2-1补充完整。

图1-2-1 跨境电商物流的基本流程

表1-2-1 跨境电商物流与传统物流的区别

对比项	跨境电商物流	传统物流
运输效率		
复核方式		
拣货方式		
信息元素		
包装方式		

扫一扫

请同学们扫描右侧二维码，阅读材料。

二、跨境电商物流的发展历程

跨境电商物流的发展历程可以追溯到近年来全球化和互联网技术的快速发展。以下是其发展历程的几个主要阶段。

（一）初期阶段（20世纪初至20世纪40年代）

在这个阶段，跨境电商企业主要通过传统的物流服务提供商进行运输，如国际海运和国际空运等。这些方式通常需要较长时间，并且涉及烦琐的文件处理和海关清关程序。由于跨境电商的规模相对较小，这个阶段的物流需求相对较低。

（二）初步整合阶段（20世纪50年代至20世纪70年代）

随着跨境电商的规模逐渐扩大，物流服务提供商开始出现整合和改进的趋势。在这个阶段，一些跨境电商企业开始建立自己的物流网络，以提高物流效率和降低成本。

（三）优化和创新阶段（20世纪80年代至20世纪90年代）

随着跨境电商的进一步发展，物流服务提供商开始寻求高效和创新的解决方案。在这个阶段，许多跨境电商企业开始采用跨境物流、海外仓储和智能化物流技术等新的物流模式和技术。这些新的物流模式和技术可以帮助跨境电商企业提高物流效率、降低成本，并提供更好的客户体验。

（四）数字化和智能化阶段（21世纪初至今）

随着数字化和智能化技术的进一步发展，跨境电商物流开始进入数字化和智能化阶段。在这个阶段，跨境电商企业开始采用物联网、大数据、人工智能等技术来管理和优化物流过程，如优化仓储管理、自动化分拣和配送等。这些技术的应用可以帮助跨境电商企业实现高效的物流管理和运营模式，提高客户满意度和降低物流成本。

三、我国跨境电商物流相关的支持政策

我国跨境电商物流相关的支持政策如表1-2-2所示。

表1-2-2　　　　　　　　　　　我国跨境电商物流相关的支持政策

发布部门	名称	主要内容
商务部	《对外贸易发展"十三五"规划》	促进跨境电子商务健康快速发展。推进跨境电子商务综合试验区建设。加快建立适应跨境电子商务特点的政策体系和监管体系，提高贸易各环节便利化水平。鼓励设立海外仓储，推进B2B业务创新发展

发布部门	名称	主要内容
国家邮政局	《快递业发展"十三五"规划》	引导重点快递企业建立保税公共仓储与海外重点国家快递专线等相结合的服务体系；鼓励支持企业在境外建立海外仓，实现信息共享、实体展示、批发零售等功能，提升服务层次
国家邮政局、商务部、海关总署	《关于促进跨境电子商务寄递服务高质量发展的若干意见（暂行)》	支持建立跨境寄递服务企业信用体系、加快完善跨境寄递服务体系、提升跨境寄递服务全程通关便利

任务实施

中国（南宁）跨境电子商务综合试验区于2018年正式开区运营，南宁成为全国第三批设立的跨境电子商务综合试验区中首个开区运营的城市。中国（南宁）跨境电子商务综合试验区覆盖整个南宁市，以南宁综合保税区为核心园区，以跨境电子商务为突破口，在业务流程、监管等多方面先行先试，搭建信息共享、金融服务、智能物流、信用管理、统计监测、风险防控六大体系，推动国际贸易自由化、便利化和业态创新。

步骤一：完成调研。

学生以小组为单位，建议3~5人为一组，分工合作，共同完成南宁南大门跨境电商保税直购中心的调研任务，并填写表1-2-3。

表1-2-3　　　　　　　　南宁南大门跨境电商保税直购中心调研信息

商品品类	代表性品牌（3~4个）	保税直购中心价格（元）	同类产品电商平台价格（元）
母婴品类			
保健品类			

商品品类	代表性品牌（3~4个）	保税直购中心价格（元）	同类产品电商平台价格（元）
美妆品类			
家居品类			
食品品类			
珠宝品类			

步骤二：思考跨境电商业务对物流业产生的影响。

联系实际，简要阐述跨境电商业务对物流业产生的影响。

评价反馈

学生学习评价考核

课程			姓名			学号		
任务名称			跨境电商物流概述					
序号	评价内容	考核标准	参考分值	学生自评分值	小组互评分值	教师评价分值	最终考核分值
1	学习能力	能理解跨境电商物流与传统物流的区别； 能描述跨境电商物流的发展历程； 能描述我国跨境电商物流相关的支持政策	20				
2	任务实施情况	能完成调研； 能阐述跨境电商业务对物流业产生的影响	30				
3	学习态度	态度端正，没有无故缺勤、迟到、早退现象	20				
4	学习质量	能按流程规范及操作要求完成学习任务	10				
5	团队合作能力	能与小组成员合作交流、协调工作	20				
总分			100				

项目二 跨境B2B物流方式

任务一 国际海上货物运输

学习目标

通过本任务的学习，你可以达到以下目标。

1. 能阐述国际海运的概念与方式。

2. 能进行国际海运整箱操作。

3. 能进行国际海运拼箱操作。

任务导入

为备战"双十一"，长风跨境电商采用跨境B2B进口模式将合作企业的旗下产品直供中国客户。10月31日，最后一批进口罐装奶粉通过国际海运的方式安全运抵宁波港。这批进口货物将在宁波口岸完成相关报关和报检手续，货物装箱单如图2-1-1所示。

Changfeng Cross-border Electronic Commerce Limited
Shipping Mark: Rotterdam   Invoice No.:TS089576
                                            Contract No.:SD2564329

Packing List

B/L No.: To Order   Date:Sep. 15, 2020
Name of Vessel: East Wind
From:Rotterdam   To:Ningbo

Commodity	Quantity	N.W	G.W	Measurement
诺优能2段奶粉	500Case	3800kg	2400kg	12CBU
诺优能4段奶粉	350Case	2610kg	1275kg	8CBU

图2-1-1　货物装箱单

知识准备

一、国际海运的概念与方式

（一）国际海运的概念

国际海运（国际海上货物运输）是指承运人按照海上货物运输合同的约定，以海运船舶作为运载工具，并以运费作为报酬，将托运人托运的货物经海路从一国（地区）港口运送至另一国（地区）港口的行为。

国际海运是国际贸易中最主要的运输方式，据统计，其运量占据了全球贸易总运量的三分之二以上，我国大部分进出口货物都是通过国际海运的方式运输的。

（二）国际海运的方式

国际海运有班轮运输和租船运输两种方式。

班轮运输有固定的船期、航线、停靠港口和相对固定的运输费率。班轮运费包括装卸费，一般班轮的港口装卸作业由船方负责。班轮承运货物的数量比较灵活，货主按需订舱，特别适合一般件杂货和集装箱货物的运输。

租船运输的费用比班轮运输的费用低，且租船运输可选择直达航线，故大宗货物一般采用租船运输。租船运输方式主要有定程租船运输和定期租船运输两种。

引导问题：根据以上学习内容，查阅相关资料，总结国际海运的特点。

_____

_____

_____

_____

二、国际海运整箱操作

整箱货是指由发货人负责完成装箱、计数和填写装运单，并在海关加铅封的货物。拆箱一般由收货人办理，也可以委托承运人在货运站拆箱。但需要注意的是，承运人不承担箱内货物的损失或差异赔偿责任，除非货方能够证明是承运人的过失导致了货损、货差。承运人对整箱货以箱为交接单位，只要集装箱外表与收箱时相似且铅封完整，就意味着完成了承运任务。整箱货运提单需要加上"委托人装箱、计数并加铅封"的条款。国际海运整箱操作流程如图2-1-2所示。

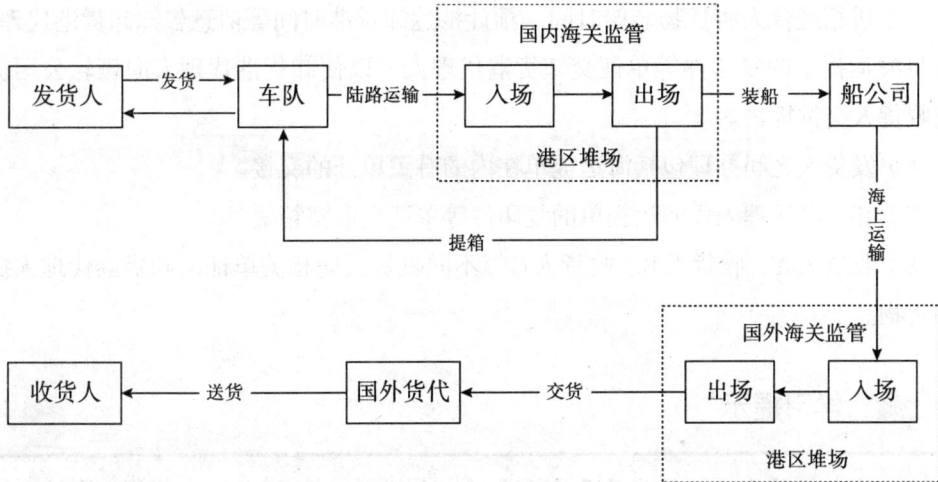

图2-1-2 国际海运整箱操作流程

三、国际海运拼箱操作

拼箱指承运人（或其代理人）接受货主托运的不足整箱的小票货物后，根据货物性质和目的地分类、整理，将同一目的地的货物集中到一定数量后拼装入箱。由于一个箱内有不同货主的货物，所以叫拼箱货。拼箱货的分类、整理、集中、装箱（拆箱）、交货等工作均在承运人码头集装箱货运站或内陆集装箱转运站进行。国际海运拼箱操作流程如图2-1-3所示。

图2-1-3 国际海运拼箱操作流程

（1）发货人A、发货人B、发货人C等不同发货人将不足一个集装箱的货物（拼箱货）交拼箱经营人。

（2）拼箱经营人将拼箱货拼装成整箱货后，向班轮公司办理整箱货物运输。

（3）整箱货物装船后，班轮公司签发海运提单或其他单证给拼箱经营人。

（4）拼箱经营人将货物装船，并将签完字的海运提单交给每个发货人。

（5）拼箱经营人将货物装船时间、预计抵达卸货港时间等信息告知卸货港代理人，同时将海运提单的复印件等单证交卸货港代理人，以便卸货港代理人向班轮公司提货和向收货人交付货物。

（6）发货人之间办理包括海运提单在内的有关单证的交接。

（7）卸货港代理人凭海运提单的复印件等单证提取整箱货。

（8）收货人A、收货人B、收货人C等不同收货人凭相关单证向卸货港代理人提取拼箱货物。

⚡ 学习提示

从实际操作看，拼箱货的承运方式百分之八十以上是CFS to CFS（站到站），其次是Door to Door（门到门）、Door to CFS（门到站）、CFS to Door（站到门）。

（1）不同发货人和收货人货物的集成。拼箱操作中拼成的整箱是由多个不同的发货人和收货人的货物组成的。

（2）进出口国家（地区）对各类货物的限制不同。有些货物在出口国家（地区）没有限制规定，但在进口国家（地区）有所限制，一旦发生此类事情，不但会影响该票货物的通关，还会直接影响同箱运输的其他货物。

（3）单证齐全及货物的一致性。拼箱货的各种单证必须齐全，单证所示收/发货人、目的港及货物的品名、规格、包装、数量、重量等都要与所装货物相符。

（4）修改单证或调整货物。拼箱货从生产地到最后装船启航，贸易商及发货人会不断地检查和核实货物，如果发现误差，便会提出修改单证或调整货物的要求。

🔲 扫一扫

请同学们扫描右侧二维码，阅读材料。

任务实施

步骤一：确认发货日期。

货物到达目的港前，货代业务员确认订单、合同、出运事宜后，便可确认发货日期。请将步骤一的作业环节及作业内容（见表2-1-1）补充完整。

表2-1-1 步骤一的作业环节及作业内容

作业环节	作业内容

步骤二：通知国内代理，准备清关单证。

请将步骤二的作业环节及作业内容（见表2-1-2）补充完整。

表2-1-2 步骤二的作业环节及作业内容

作业环节	作业内容

步骤三：申报及清关。

请将步骤三的作业环节及作业内容（见表2-1-3）补充完整。

表2-1-3 步骤三的作业环节及作业内容

作业环节	作业内容

🏅 评价反馈

学生学习评价考核

课程			姓名			学号		
任务名称				国际海上货物运输				
序号	评价内容	考核标准		参考分值	学生自评分值	小组互评分值	教师评价分值	最终考核分值
1	学习能力	能阐述国际海运的概念与方式；能进行国际海运整箱操作；能进行国际海运拼箱操作		30				
2	任务实施情况	能按要求完成国际海运清关作业		40				
3	学习态度	态度端正，没有无故缺勤、迟到、早退现象		10				
4	学习质量	能按流程规范及操作要求完成学习任务		10				
5	团队合作能力	能与小组成员合作交流、协调工作		10				
总分				100				

任务二　国际航空货物运输

学习目标

通过本任务的学习，你可以达到以下目标。

1. 能认识国际航空货物运输。
2. 能进行国际航空货物运输清关操作。

任务导入

10月20日，长风跨境电商对佳航进出口公司的单证进行了审核。然后向天行健国际货运有限公司委托办理托运手续，并按要求填制航空货运单。

知识准备

一、国际航空货物运输

（一）国际航空货物运输的含义

航空运输是指使用飞机及其他航空器运送货物、邮件的一种运输方式。国际航空货物运输是指货物和邮件的始发站、中转站和终点站中任意一站在一国境外的航空运输。

（二）国际航空货物运输的特点

国际航空货物运输的特点包括运送速度快、破损率低、安全性好、空间跨度大、运价比较高、载量有限、易受天气影响。

引导问题1：国际航空货物运输的作用有哪些？

_____

_____

_____

_____

扫一扫

请同学们扫描右侧二维码，观看视频。

学习提示

国际航空货物运输协会（International Air Transport Association），简称国际航协（IATA），是各国航空运输企业之间的联合组织，会员必须是有国际民用航空组织的成员国颁发的定期航班运输许可证的航空公司。国际航协的总部设在加拿大蒙特利尔，执行总部设在瑞士日内瓦。

二、国际航空货物运输清关操作

（一）国际航空货物运输清关操作流程

国际航空货物运输清关操作流程如图2-2-1所示。

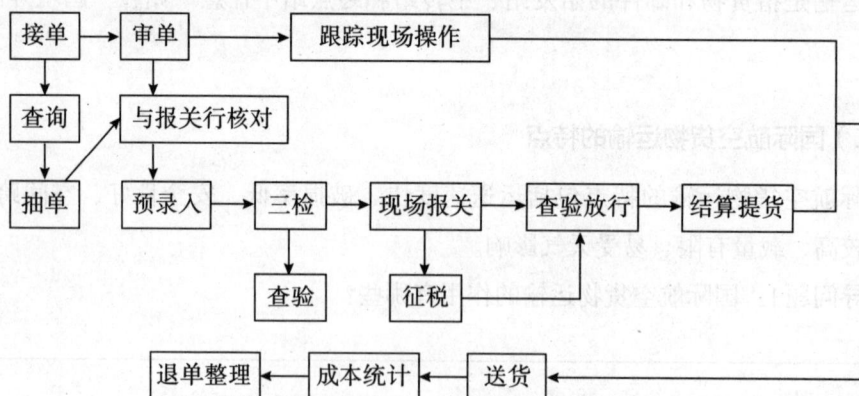

图 2-2-1　国际航空货物运输清关操作流程

引导问题2：国际航空货物运输清关操作流程中审单的主要内容有哪些？

_____

_____

_____

引导问题3：国际航空货物运输清关操作流程中需要明确的信息有哪些？

_____

_____

_____

（二）清关所需文件

1.必备文件

清关必备文件包括商业发票、装箱单、进口货物通关单 、出口货物报关单、报关委托书、外汇核销单（仅限出口）。

2.可能需要的文件

清关可能需要的文件包括海关手册、进口许可证/出口许可证、检疫证书、原产地证书、熏蒸证书、配额/准入证书等。

⚡ 学习提示

> 抽单是指向发货人指定的货运代理抽取正本的航空货运单、发票、装箱单、包装证明等单证用以报关。

（三）航空货运单

航空货运单是一种记录货物信息的文件，通常由航空公司提供给托运人，它包含货物的详细信息，是承运人与托运人之间签订运输合同的证明。航空货运单不是物权凭证，不能通过背书转让。收货人提货不是凭借航空货运单，而是凭借航空公司发出的提货通知单。

⚡ 学习提示

航空货运单包括航空主运单（Master Air Waybill，MAWB）和航空分运单（House Air Waybill，HAWB）。

1. 航空主运单

由航空运输公司签发的航空货运单称为航空主运单。它是航空运输公司办理货物运输和交付货物的依据，是航空公司和托运人订立的运输合同，每批航空运输的货物都有对应的航空主运单。

2. 航空分运单

集中托运人在办理集中托运业务时签发的航空货运单称为航空分运单，是一种货物分发单据。

📖 任务实施

8月15日，小吴接到两个客户的空运委托，要求在8月28日从国内发出货物。

该客户需要紧急发送一台通信设备到美国休斯敦，贸易术语为FOB条款，该通信设备采用木质包装，尺寸规格为50cm×60cm×40cm，毛重50 kg，声明价值为10000美元。发货人为上海贝尔信息技术有限公司，地址为上海市浦东新区××路××号。收货人为MetroBank CO., Ltd.，收货地址为9600 Bellaire Blvd., Suite×××, Houston, Texas, USA。

于是小吴查看了航班信息，拟选择上海—台北—洛杉矶—休斯敦航线，向中国国际航空公司（以下简称中国国航）办理了上述货物的集中托运手续，货物在上海浦东国际机场发出，由中国国航（航班号CA195）承运至桃园国际机场，然后由长荣航空（航班号BR012）承运至洛杉矶国际机场，再由联合航空（航班号UA220）承运至休斯敦乔治·布什洲际机场，最后由上海葵克国际货物运输代理有限公司完成机场提货并分发给实际收货人。

已知，国航航空公司的提单号为999-12345678，运费单价为48元/kg，请帮客户完成国际货物托运书（见表2-2-1）的内容填写，代表中国国航制作用于签发给上海葵克国际货物运输代理有限公司的航空货运单。

表2-2-1 国际货物托运书

国际货物托运书
Shipper's Letter of Instruction

签发给 To	Shanghai Kuike International Cargo Transportation Agency Co., Ltd.		进仓编号	
托运人 Consignor	Shanghai Bell Information Technology Co., Ltd.			
发货人 Shipper	Shanghai Bell Information Technology Co., Ltd. Shanghai Pudong New Area ×× Rd. ××			
收货人 Consignee	Metrobank Co., Ltd. 9600 Bellaire Blvd., Suite ×××, Houston, Texas, USA			
通知人 Notify Party	Saint Freight Agency Co., Ltd. 62 W Market St, Houston, Texas, USA			
始发站	Shanghai Pudong International Airport	目的站	George Bush International Airport, Houston	运费
标记唛头 Marks	件数 Number	中英文品名 Description of Goods	毛重（kg） G. W	尺码（cm³） Size
N/M	1 Carton	通信设备 Communication Equipment	50	50×60×40
其他	无商业发票，到货时通知 No Commercial Invoice Attached. Notify On Arrival			

货单到达时间：8月27日	航班：CA195，BR012，UA220

★如改配航空公司请提前通知我司

电话：	
传真：	公章
联系人：	
地址：	
托运人签字：	制单日期： 年 月 日

评价反馈

学生学习评价考核

课程			姓名		学号	
任务名称				国际航空货物运输		

序号	评价内容	考核标准	参考分值	学生自评分值	小组互评分值	教师评价分值	最终考核分值
1	学习能力	能认识国际航空货物运输；能进行国际航空货物运输清关操作	20				
2	任务实施情况	能根据案例背景，正确填写航空货运单	30				
3	学习态度	态度端正，没有无故缺勤、迟到、早退现象	20				
4	学习质量	能按流程规范及操作要求完成学习任务	10				
5	团队合作能力	能与小组成员合作交流、协调工作	20				
	总分		100				

任务三　国际多式联运

学习目标

通过本任务的学习，你可以达到以下目标。

1.能描述国际多式联运的含义、优点。

2.能识记国际多式联运经营人的性质和法律特征。

3.能识记国际多式联运合同的含义和特点。

任务导入

上海中硕国际物流有限公司（以下简称上海中硕）是一家国际货运代理企业，在多式联运方面拥有一支素质高、操作经验丰富的专业团队，根据客户个性化需求，依托与船公司、航空公司、铁路公司和海外代理的合作关系，为客户提供海铁联运、海空联运等专业的运输解决方案，保障货物安全、顺利、高效地到达最终地点。上海中硕在国际多式联运、在途货物追踪、门到门服务等方面具有明显优势。

近期，匈牙利A公司作为买方与B进出口公司签订童装销售合同。B进出口公司委托上海中硕承运该批货物。现在刘凯需要熟悉国际多式联运的业务内容，根据相关信息选择合适的多式联运方式，并总结国际多式联运服务可能的组合方式。

知识准备

一、国际多式联运

（一）国际多式联运的含义

国际多式联运是在集装箱运输的基础上产生和发展起来的，指按照国际多式联运合同，以至少两种不同的运输方式，由多式联运经营人将货物从一国（地区）境内的接管地点运至另一国（地区）境内指定交付地点的货物运输形式。国际多式联运包含海运、陆运、空运等多种运输方式。在国际贸易中，由于85%~90%的货物都是通过海运完成的，故海运在国际多式联运中占据主导地位。

（二）国际多式联运的优点

国际多式联运的优点：节省费用，降低运输成本；责任统一，手续简便；中间环节少，缩短运输时间，提高运输质量；运输更加合理化，提高运输组织水平；实现门到门运输等。

国际多式联运极少由一个多式联运经营人承担全部运输任务，往往是多式联运经营人接受货主的委托后，自己负责一部分运输工作，而将其余各段的运输工作再委托给其他承运人。但这不同于单一的运输方式，这些接受多式联运经营人委托的承运人，只是依照运输合同关系对多式联运经营人负责，与货主不产生任何业务关系。因此，多式联运经营人可以是实际承运人，也可是无船承运人（Non-vessel Operating Common Carrier，NVOCC）。

引导问题：请查阅相关资料，了解国际多式联运的特征，将表2-3-1补充完整。

表2-3-1　　　　　　　　　　国际多式联运的特征

项目	特征
货运单证的填制	
提单	
信用证上的条款	
海关验放的手续	

二、国际多式联运经营人

国际多式联运经营人的性质和法律特征如下。

（1）国际多式联运经营人是"本人"而非"代理人"时，承担承运人的义务。

（2）国际多式联运经营人在以"本人"身份开展业务时，并不妨碍其以"代理人"身份兼营其他有关货运代理的业务，或者在一次国际多式联运任务中不以"本人"身份而以其他"代理人"或"中间人"等身份开展业务。

（3）国际多式联运经营人以"中间人"身份开展业务时，对于货主来说是承运人，对于实际承运人来说是货主。

（4）国际多式联运经营人可以拥有运输工具，也可以不拥有运输工具。

三、国际多式联运合同

1.国际多式联运合同的含义

国际多式联运合同是指多式联运经营人凭以收取运费、负责完成或组织完成国际多式联运的合同。国际多式联运合同由多式联运经营人与发货人协议订立。

2.国际多式联运合同的特点

一般国际多式联运合同具有以下特点。

（1）国际多式联运合同是双方合同，合同双方均负有义务和享有权利。

（2）国际多式联运合同是有偿合同。

（3）国际多式联运合同是不要式的合同，尽管可用多式联运提单证明国际多式联运合同，但提单不是运输合同，没有具体体现形式。

（4）国际多式联运合同有约束第三者的性质，收货人不参与合同订立，但可直接获得合同规定的利益并自动受合同约束。

（5）国际多式联运合同有时包括接受委托、提供服务等内容，这些内容由双方议定。

⚡ 学习提示

> 一般来讲，国际多式联运合同应具备以下条件。
>
> （1）国际多式联运合同中的合同事项必须是针对货物运输的事项，而且是不同国家（地区）之间的货物运输。
>
> （2）国际多式联运合同应注明在全程运输中要使用两种或两种以上运输方式，而且需要连续运输。
>
> （3）国际多式联运合同应注明多式联运经营人具有接收货物、保管货物和完成或组织完成运输及有关服务的责任。

📋 任务实施

步骤一：选择合适的国际多式联运形式。

上海中硕接受B进出口公司的委托，刘凯综合考虑货物的运输与装卸搬运特征、保管特征、货运时间、客户其他要求，为其设计国际多式联运方案。

由于货源地位于武汉，刘凯选择从武汉经由长江水运至上海，再由上海海运至斯洛文尼亚的科佩尔港，货物运抵科佩尔港，再将货物铁路运输至布达佩斯的马哈特自由港堆场。

经上述分析，这批货物需要采用江海联运、海铁联运，即经水路运输将货物运抵上海港，然后再海运周转并通过铁路运输，最终把货物运到布达佩斯的马哈特自由港堆场。

步骤二：总结国际多式联运服务可能的组合方式。

基于不同的分类标准，国际多式联运可分为不同的形式。从运输方式的组成看，国际多式联运必须是两种或两种以上不同运输方式组成的连贯运输。按这种方法分类，理论上多式联运有海铁联运、海空联运、海公联运、公铁联运、铁空联运、陆空联运、海铁海联运、公海空联运等多种类型。

目前，大多数多式联运仍需要在不同运输方式之间进行换装作业，但也出现了货物中途无换装作业的多式联运组合形式，如驮背运输、滚装运输、火车轮渡等。

1.以海运为核心的多式联运

以海运为核心的多式联运主要包括海公联运、海铁联运、火车轮渡、滚装运输等。由于内河运输与海上运输在航行条件、船舶吨位、适用法规上有所不同，因此，载驳运输、江海联运往往也视为多式联运。

（1）海铁联运。目前，我国海铁联运发展缓慢，在我国集装箱多式联运中，海铁联运的比重很低，仅占1.5%左右，而加拿大、澳大利亚的集装箱海铁联运量占集装箱多式联运总量的30%以上。

（2）江海直达运输、江海联运与载驳运输。目前，长江江海货物运输的方式主要有这三种。

①江海直达运输。使用江海两用船，运送途中无须中转换装。

②江海联运（也称江海中转运输）。使用内河船和海轮分段运输，由内河船和海轮分段完成内河运输和海上运输任务，货物在港口进行内河船与海轮之间的换装作业。

③载驳运输。将货物装在统一规格的驳船里，以这些驳船为货运单元装到载驳船上，到达中转港口后，卸下驳船，再用拖船把成组的驳船拖往内河目的港或货主指定的卸货地点。

2.以陆运为核心的多式联运

（1）公铁联运。有效的公铁联运集公路、铁路于一体，公铁联运已成为快速准时、安全高效、费用相对较低的门到门运输方式。

（2）驮背运输。驮背运输是一种公路和铁路联合运输的方式，省去拖车作业，直接将集装箱置于铁路平车上运输。

3.以空运为核心的多式联运

（1）海空联运。海空联运通常用于大型货物或需要快速交付的货物，主要的海空联运航线如下。

①远东—欧洲：远东与欧洲间的海空联运航线有以温哥华、西雅图、洛杉矶为中转地的，也有以中国香港、仁川、曼谷、新加坡为中转地的。

②远东—中南美：近年来，远东至中南美的海空联运航线发展较快，因为此处的港口和内陆运输不稳定，所以对海空联运的需求很大。通常，该海空联运航线以迈阿密、洛杉矶、温哥华为中转地。

③远东—中近东、非洲、澳大利亚：该海空联运航线以中国香港、曼谷、仁川为中转地。在特殊情况下，还有经马赛至非洲、经曼谷至印度、经中国香港至澳大利亚等的联运航线，但这些线路货运量较小。

（2）陆空联运。陆空联运较海空联运而言，更普遍地被世界各国所采用，尤其是工业发达的国家、高速公路较多的国家，这种方式更显其效能。陆空联运具有到货迅速、运费适中、安全保质、手续简便和提前结汇等优点。陆空联运广泛采用"卡车航班"运输形式，即空运进出境航班与卡车内陆运输相结合。通过"卡车航班"建立非枢纽机场与枢纽机场之间的联系。卡车航班完全是为了向枢纽机场汇集货物，或者为枢纽机场发散货物而开通的。

4.亚欧大陆桥运输

（1）西伯利亚大陆桥。西伯利亚大陆桥又称第一亚欧大陆桥，东起符拉迪沃斯托克（海参崴），最后到达荷兰。远东运往欧洲的货物经西伯利亚大陆桥运输比传统海上运输缩短路程约8000千米，时间节省20天左右。

（2）新亚欧大陆桥。新亚欧大陆桥也称第二亚欧大陆桥，从中国东海岸的连云港到欧洲西海岸的鹿特丹港。该条线路的运输效率有待进一步提高，发展潜力巨大。

5.北美陆桥运输

（1）北美小陆桥运输。小陆桥运输的形式就是比大陆桥的海—陆—海形式缩减一段海上运输的形式，即海—陆或陆—海形式。目前，北美小陆桥运送的主要是日本经北美太平洋沿岸到大西洋沿岸和墨西哥湾地区港口的集装箱货物。

（2）北美微型陆桥运输。微型陆桥又称半陆桥，微型陆桥运输是没有通过整条陆桥，只利用了部分陆桥区段，比小陆桥运输更精简的海陆运输方式。

🏅 评价反馈

学生学习评价考核

课程				姓名		学号	

任务名称			国际多式联运				

序号	评价内容	考核标准	参考分值	学生自评分值	小组互评分值	教师评价分值	最终考核分值
1	学习能力	能描述国际多式联运的含义、优点； 能识记国际多式联运经营人的性质和法律特征； 能识记国际多式联运合同的含义和特点	30				
2	任务实施情况	能选择合适的国际多式联运形式； 能总结国际多式联运服务可能的组合方式	40				
3	学习态度	态度端正，没有无故缺勤、迟到、早退现象	10				
4	学习质量	能按流程规范及操作要求完成学习任务	10				
5	团队合作能力	能与小组成员合作交流、协调工作	10				
总分			100				

项目三　跨境B2C物流方式

任务一　邮政物流

学习目标

通过本任务的学习，你可以达到以下目标。

1.了解国际邮件寄递过程。

2.了解万国邮政联盟。

3.了解中国邮政小包、中国邮政大包、e邮宝、国际EMS。

任务导入

小李是长风跨境电商运营部门的实习生，负责运维公司在速卖通、eBay、亚马逊等平台的企业店铺，买家客户主要来自美国、英国和俄罗斯等国家，平时经常使用中国邮政小包进行发货，小李需要尽快了解中国邮政速递物流股份有限公司（以下简称中国邮政速递物流）提供的各种产品服务的基本规则，以便根据订单情况安排合适的物流方式进行发货，使物流成本最低。

1月4日，长风跨境电商接到一个订单，为一位来自俄罗斯圣彼得堡市的客户下单购买"150g×10盒"礼盒包装的铁观音茶，接到订单后小李应该如何处理呢？

知识准备

一、邮政与中国邮政速递物流

邮政业是国家重要的社会公用事业，邮政网络是国家重要的通信基础设施。邮政是由国家管理或直接经营寄递各类邮件（信件或物品）的事业，具有通政、通商、通民的特点。在我国跨境电商出口物流方式选择中，从货量角度看，直邮渠道出口占60%左右，在直邮渠道选择中，65%的货量通过邮政物流完成。2019年我国跨境电商直邮出口包裹20亿件左右，其中近12亿件通过邮政渠道投递。

中国邮政速递物流是经国务院批准，由中国邮政集团公司作为主要发起人，于2010年6月发起设立的股份制公司，是中国经营历史最悠久、网络覆盖范围最广的快递物流综合服务提供商。

引导问题1：国际邮件寄递过程是什么？具有哪些特点？国际邮政物流的优点、缺点有哪些？

_____

_____

_____

_____

📱 扫一扫

请同学们扫描右侧二维码，观看视频。

引导问题2：众所周知，我国处理邮政事务的政府组织是国家邮政局，那么协调国与国之间邮政事务的组织是什么？其机构设置是怎么样的？

_____

_____

_____

_____

⚡ 学习提示

1874年10月9日，22个国家的代表签署了第一个国际性的邮政条约，即《伯尔尼条约》，邮政总联盟自此诞生。由于加盟国家迅速增加，邮政总联盟于1878年正式更名为万国邮政联盟。为纪念万国邮政联盟的创立，每年的10月9日被定为万国邮政联盟日。1984年，在德国汉堡召开的第19届万国邮政联盟大会通过决议，将万国邮政联盟日更名为世界邮政日。

二、中国邮政速递物流的主要产品服务

（一）中国邮政小包

常见的国际小包服务渠道有中国邮政小包、新加坡邮政小包等。中国邮政小包是中国邮政速递物流针对轻小物品的空邮服务，是一项性价比高的国际快递服务，且中国邮政速递物流的国内邮政代理服务完善，可以提供各种优惠，一般情况下，除国际违禁物品和危险物品外都可以寄送。

1.查询服务

中国邮政小包分为非挂号小包和挂号小包两种。非挂号小包（也称平邮小包），费率较低，但不提供跟踪查询服务；挂号小包，费率稍高，可提供线上跟踪查询服务，大部分国家可实现全程跟踪，但也有部分国家只支持查询签收信息。

若包裹发出超1个月仍未收到，可向邮局申请查询，同时需要填写邮局查询单，邮局查询回复正常时间为1~3个月。

2.参考时效

到达亚洲邻国时效为5～10天；到达欧美等主要国家时效为7～15天；到达其他国家（地区）时效为30天以上；特殊情况，如节假日、政策调整、偏远地区等可能会出现延误的情况。

3.物品限制

（1）重量限制：净重在2kg以下，沙特阿拉伯、阿富汗等地区除外。

（2）包装限制：可提供常规包装、缓冲包装、温控包装和木质包装四种包装形式，每种包装都有对应的规格标准和限重。

4.资费信息

中国邮政小包分八个服务区域计费，每个区域按克价计费。各个国家（地区）的具体资费标准，可扫描二维码通过中国邮政速递物流官网进行查询。

扫一扫

请同学们扫描右侧二维码，进入中国邮政速递物流官网，查询报价。

资费计算公式如下。

挂号资费=标准资费×实际重量×折扣+挂号费。

平邮资费=标准资费×实际重量×折扣。

资费计算注意事项如下。

（1）资费根据包裹重量按克价计算，实际重量为物品重量、包装重量之和。

（2）应注意，挂号小包中每件物品加收的挂号费并不一样。

（3）不同时间段、不同地区的不同揽收网点提供不同的折扣。

5.操作指引

（1）部分城市暂不提供上门揽收服务，非上门揽收地区须自行送至集运仓库。

（2）中国邮政小包只能贴中国邮政速递物流固定格式的报关单，报关单粘贴在包裹的背面。

（3）报关单中应包括填写完整的内装物品名称、数量、重量及价值，申报栏中的物品名称不能以笼统名称作为物品名称进行申报，与价值有关的栏目应标明币种，建议用美元（USD）报价。

（4）收件人姓名及地址应用到达国通晓的文字填写完整，报关单寄件人签名处填写寄件人的中文姓名。寄件人、收件人的姓名及地址应详细、准确，并提供电话号码，不可只将邮政信箱号码作为收件人地址。

（5）除易碎品外包装可贴易碎标志外，其他物品的外包装尽量不要粘贴无关标识，一般情况下，中国邮政小包外包装出现的标签有寄件人地址、收件人地址、报关签条及跟踪条码，具体如图3-1-1所示。

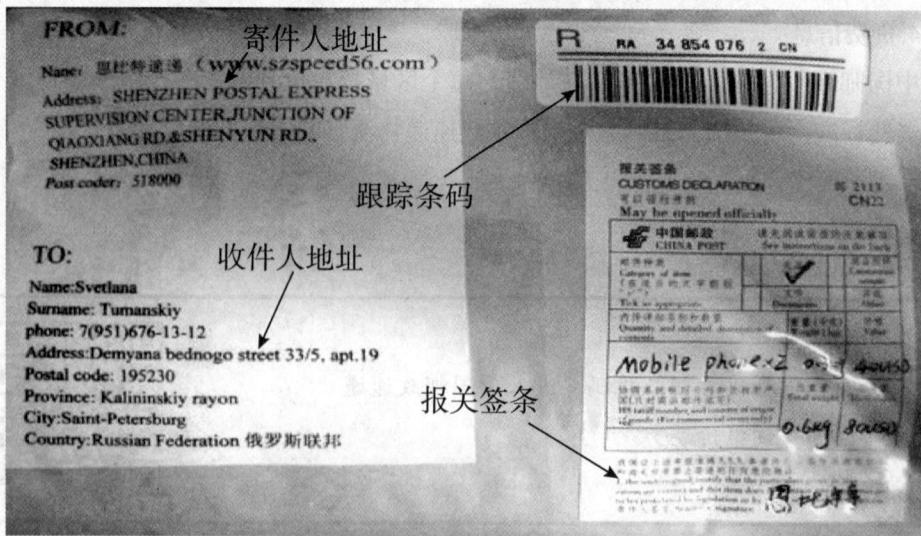

图3-1-1　邮包外包装标签示意图

（二）中国邮政大包

通常，中国邮政大包是指中国邮政航空大包。中国邮政大包首重和续重都以千克价计费，不计算体积重量，没有偏远地区附加费及燃油附加费，可寄达全球200多个国家和地区，具有极强的通关能力，对于时效性要求不高而重量稍重的物品，可选择使用此方式发货。

中国邮政大包基本规则如下。

1. 查询服务

可在中国邮政速递物流官网查询到包裹相关信息。如果包裹发出后1个月，收件人仍未收到，寄件人可向客服部递交查询需求，填写邮局查询单。

2. 参考时效

到达亚洲国家时效为4~10天；到达欧美主要国家时效为7~20天；到达其他国家（地区）时效为7~30天；特殊情况，如节假日、政策调整、偏远地区等可能会出现延误的情况。

3. 物品限制

（1）重量限制：0.1~30kg（部分国家不超过20kg）。

（2）体积限制：中国邮政大包最小尺寸限制为最小边长不小于0.24m、宽不小于0.16m，没有规定其他体积限制，但是万国邮政联盟的《国际邮政包裹协定》一般规定单件物品单边不超过1.5m、最大周长不超过3m，或单边不超过1.05m、最大周长不超过2m。

4. 申报价值限制

申报价值一般不宜超过120美元。

5. 资费信息

中国邮政大包分八个服务区域计费，每个区域按千克价计费。各个国家（地区）的具体资费标准，可通过中国邮政速递物流官网进行查询。

扫一扫

请同学们扫描右侧二维码，进入中国邮政速递物流官网，查询报价。

中国邮政大包资费计算公式如下。

中国邮政大包资费=（首重运价+续重运价×续重重量）×折扣+验关费。

资费计算注意事项：计算时根据物理重量计算，不计算体积重量；不同时间段，不同地区的不同揽收网点提供不同的折扣。

学习提示

体积重量是计算轻泡物品重量产生的说法。体积重量是将物品体积作为计算客体，利用折算公式获得的物品重量。体积重量计算公式：体积重量＝长（cm）×宽（cm）×高（cm）/6000(根据实际情况计算)。但现行的空运操作规范中，大多数快递公司会按照体积重量＝长（cm）×宽（cm）×高（cm）/5000计算，物品体积重量与物品实际重量中取较大值作为物品重量进行计费。

6.操作指引

（1）为保证邮件安全，应使用符合规定的封装材料，并按照内装物品的性质妥善进行封装。

（2）首先，寄件人需要在中国邮政大包发递单上填写寄件人相关信息、收件人相关信息、内装物品名称等。其次，寄件人签字，并在中国邮政大包发递单上勾选包裹种类。最后，寄件人还需要勾选无法投递处理意见。中邮大包发递单示例如图3-1-2所示。

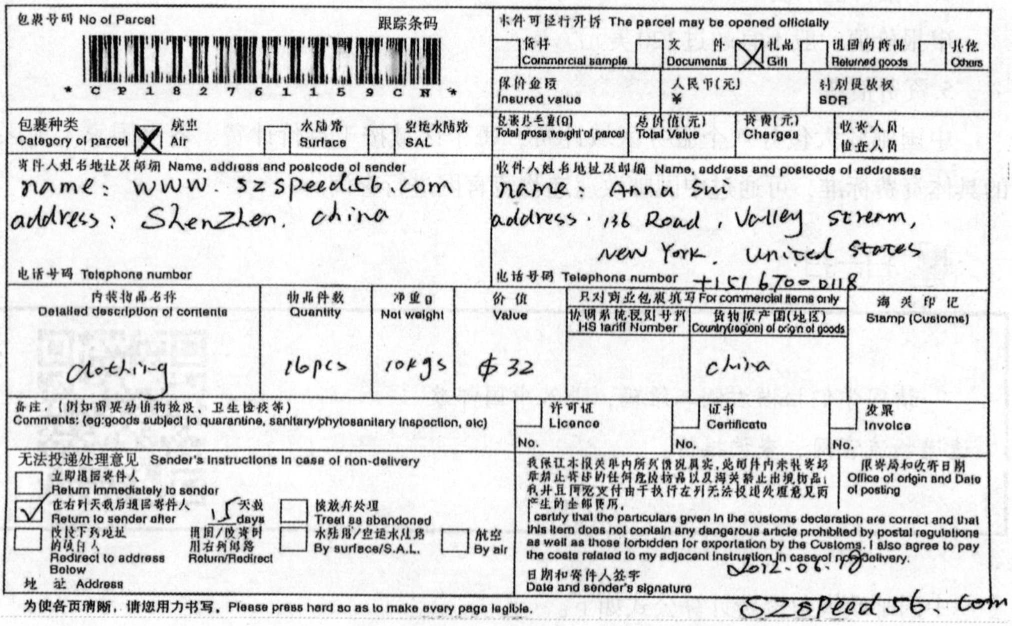
包裹号码 No of Parcel
跟踪条码
* CP182761159CN *
本件可径行开拆 The parcel may be opened officially
货样 Commercial sample
文件 Documents
礼品 Gift
退回的商品 Returned goods
其他 Others
保价金额 Insured value
人民币(元) ¥
特别提款权 SDR
包裹种类 Category of parcel
航空 Air
水陆路 Surface
空运水陆路 SAL
包裹总毛重(g) Total gross weight of parcel
总价值(元) Total Value
资费(元) Charges
收寄人员
检查人员
寄件人姓名地址及邮编 Name, address and postcode of sender
name: www.szspeed56.com
address: Shenzhen, china
电话号码 Telephone number
收件人姓名地址及邮编 Name, address and postcode of addressee
name: Anna Sui
address: 136 Road, Valley Stream, New York, United States
电话号码 Telephone number +1516700 0118
内装物品名称 Detailed description of contents: clothing
物品件数 Quantity: 16pcs
净重g Net weight: 10kgs
价值 Value: $32
只对商业包裹填写 For commercial items only
协调系统税则号列 HS tariff Number
货物原产国(地区) Country(region) of origin of goods: china
海关印记 Stamp (Customs)
备注：(例如需要动植物检疫、卫生检疫等)
Comments: (eg:goods subject to quarantine, sanitary/phytosanitary inspection, etc)
许可证 Licence No.
证书 Certificate No.
发票 Invoice No.
无法投递处理意见 Sender's instructions in case of non-delivery
立即退回寄件人 Return immediately to sender
在若干天数后退回寄件人 Return to sender after 15 天数 days
按放弃处理 Treat as abandoned
改投下列地址的收件人 Redirect to address Below
退回/改寄时用右列邮路 Return/Redirect
水陆路/空运水陆路 By surface/S.A.L.
航空 By air
地址 Address
我保证本报关单中所列情况属实，此邮件内未装寄邮章禁止寄递的任何危险物品以及海关禁止出境物品，我并且同意支付由于执行左列无法投递处理意见而产生的全部费用。
I certify that the particulars given in the customs declaration are correct and that this item does not contain any dangerous article prohibited by postal regulations as well as those forbidden for exportation by the Customs. I also agree to pay the costs related to my adjacent instruction in case of non-delivery.
日期和寄件人签字 Date and sender's signature
2012-06-18
SZspeed56.com
原寄局和收寄日期 Office of origin and Date of posting
为使各页清晰，请您用力书写。Please press hard so as to make every page legible.

图3-1-2 中国邮政大包发递单示例

（3）寄件人、收件人的姓名及地址应详细、准确，并提供电话号码，不可只将邮政信箱号码作为收件人地址。

（三）e邮宝

e邮宝是中国邮政速递物流为适应跨境电商寄递市场需求推出的经济型速递产品。电商平台卖家量身定做、开发嵌入式专用端口与e邮宝业务系统对接，客户可以通过中国邮政速递物流官网提供的对接端口自动同步数据，下载和打印包裹单及报关单等，包裹信息录入后会与中国邮政速递物流数据库系统对接，中国邮政速递物流提供包裹信息查询服务。该产品在国内段使用EMS网络进行发运，邮件到达境外后由境外邮局接收，纳入当地轻小件网络进行投递，境外邮局优先处理。

国际e邮宝的基本规则如下。

1.查询服务

（1）e邮宝提供主要节点信息查询服务，在中国及境外对应邮政官网和电商平台官网都可以跟踪查询可视化包裹信息（不提供签收信息，只提供投递确认信息）。

（2）免费退件，货物在目的地派送不成功可以免费退回起运地邮局，境外退件（包括但不限于无法投递或收件人拒收邮件）提供集中退件服务，境内退件按发运路程退回原收寄局。

2.参考时效

正常情况下，7~10个工作日左右到达目的地；俄罗斯、乌克兰等地区7~15个工作日到达目的地；在消费旺季（例如"双十一"期间）或目的地为偏远地区时，15~20个工作日到达目的地。

3.物品限制

（1）重量限制：一般限重2000g。

（2）尺寸限制：单件最大尺寸为长、宽、高合计不超过90cm，最长一边不超过60cm。圆卷邮件直径的两倍和长度合计不超过104cm，长度不得超过90 cm。单件最小尺寸为长度不小于14cm，宽度不小于11cm。圆卷邮件直径的两倍和长度合计不小于17cm，长度不小于11cm。

4.资费信息

根据包裹重量按克价计费，单件包裹限重在2000g以内。

扫一扫

请同学们扫描右侧二维码，进入中国邮政速递物流官网，查询报价。

e邮宝资费计算公式如下。

e邮宝资费=重量资费 × 实际重量 × 折扣+操作处理费。

目前部分国家邮政渠道的e邮宝仅在部分城市试运行，在寄件之前，请在中国邮政速递物流官网确认。

5.操作指引

（1）为保证邮件安全，需使用符合规定的封装材料并按照内装物品的性质妥善进行封装。

（2）e邮宝标签包括一枚10cm × 10cm的投递标签和一枚10cm × 10cm的CN22报关签条，CN22报关签条的信息项使用数字或英文填写。e邮宝标签由客户打印，建议使用热敏纸打印，e邮宝标签范例如图3-1-3所示。

图3-1-3　e邮宝标签范例

（3）运单标签需自行打印两张，粘贴于包裹正反两面，建议用透明胶带粘贴牢固，以避免运输中标签脱落或者磨损，造成包裹无法跟踪。运单标签范例如图3-1-4所示。

2015-10-08 11:01:17

编号	邮件号	寄件人/地区	内件信息	商品总数量（件）	商品总重量(g)	原产地	申报总价值（美元）	收件人/地区
1	LS142433107CN	Alice Beijing	Notebook	2	400	China	2.0	Alabama Los Angeles

图3-1-4　运单标签范例

（4）寄件人、收件人的姓名及地址应详细、准确，并提供电话号码，不可只将邮政信箱号码作为收件人地址。

（四）国际EMS

国际EMS是中国邮政速递物流与各国（地区）邮政合作开办的中国大陆与其他国家和地区寄递特快专递（EMS）邮件的一项服务，可为用户快速传递各类文件资料和物品，同时提供多种形式的邮件跟踪查询服务。该业务与各国（地区）邮政、海关、航空等部门紧密合作，打通绿色便利邮寄通道。此外，邮政速递物流还提供代客包装、代客报关等一系列综合延伸服务。

国际EMS基本规则如下。

1.查询服务

国际EMS可与万国邮政联盟查询系统链接，并建立了网站、短信、客服电话三位一体的实时信息查询系统，实现国际EMS邮件的全球跟踪查询。

2.参考时效

东南亚国家（地区）为10～20天；美国、加拿大为15～17天；欧洲国家（地区）为12～18天；中东国家（地区）为10～24天。

国际EMS在派送过程中，国内段由中国邮政速递物流派送，国外段则需要交给目的国邮政企业派送，整体的时效就变得不可控。

3.物品限制

国际EMS的物品限制（部分国家和地区）如表3-1-1所示。

表3-1-1　　　　　　　国际EMS的物品限制（部分国家和地区）

目的地	收寄规格		备注
	限重（kg）	最大尺寸限制	
朝鲜	30	标准2	
韩国	30	标准1	

目的地	收寄规格		备注
	限重（kg）	最大尺寸限制	
日本	30	标准1	
马来西亚	30	标准1	
泰国	30	标准1	标准1：任何一边的尺寸都不得超过1.5米，长度和长度以外的最大横周合计不得超过3.0米；
新加坡	30	标准1	
澳大利亚	20	标准4	标准2：任何一边的尺寸都不得超过1.05米，长度和长度以外的最大横周合计不得超过2.0米；
新西兰	30	标准1	
美国	31.5	标准5	标准4：任何一边的尺寸都不得超过1.05米，长度和长度以外的最大横周合计不得超过3.0米；
加拿大	30	标准1	
意大利	30	标准1	标准5：任何一边的尺寸都不得超过1.52米，长度和长度以外的最大横周合计不得超过2.74米
英国	30	标准1	
阿根廷	30	标准2	

4.资费信息

国际及中国港澳台EMS的业务分为九个资费区，其中国际EMS通达范围如表3-1-2所示。

表3-1-2 　　　　　　　　　　　国际EMS通达范围

资费区	通达国家（地区）
二区	朝鲜、韩国、日本
三区	菲律宾、柬埔寨、马来西亚、蒙古国、泰国、新加坡、印度尼西亚、越南
四区	澳大利亚、巴布亚新几内亚、新西兰
五区	美国
六区	爱尔兰、奥地利、比利时、丹麦、德国、法国、芬兰、荷兰、加拿大、卢森堡、马耳他、南非、挪威、葡萄牙、瑞典、立陶宛
	瑞士、西班牙、希腊、意大利、英国
七区	巴基斯坦、老挝、孟加拉国、尼泊尔、斯里兰卡、土耳其、印度
八区	阿根廷、阿联酋、巴拿马、巴西、白俄罗斯、波兰、俄罗斯、哥伦比亚、古巴、圭亚那、捷克、秘鲁、墨西哥、乌克兰、智利
	匈牙利、以色列、约旦、黎巴嫩、乌拉圭、哥斯达黎加

资费区	通达国家（地区）
九区	阿曼、埃及、埃塞俄比亚、阿塞拜疆、爱沙尼亚、巴林
	保加利亚、博茨瓦纳、布基纳法索、刚果（布）、刚果（金）、哈萨克斯坦、吉布提、几内亚、加纳、加蓬、卡塔尔
	开曼群岛、科特迪瓦、科威特、克罗地亚、肯尼亚
	拉脱维亚、卢旺达、罗马尼亚、马达加斯加、马里、摩洛哥、莫桑比克、尼日尔、尼日利亚、塞内加尔、塞浦路斯
	沙特阿拉伯、突尼斯、乌兹别克斯坦、乌干达、叙利亚、伊朗、伊拉克、乍得、阿尔及利亚
备注	叙利亚、伊拉克暂时无法通达

国际EMS计费重量计算方法如下。

（1）包裹单边长度都不超过60 cm，不算体积重量，计费重量为实际重量。

（2）包裹单边长度超过60 cm，包裹记抛，计算体积重量，体积重量和实际重量大的为计费重量。

国际EMS资费计算公式如下。

国际EMS资费=首重资费+（计费重量−首重）×续重资费。首重通常为500g。

5.操作指引

（1）为保证邮件安全，须使用符合规定的封装材料，并按照内装物品的性质妥善进行封装。

（2）为保证包裹顺利通关，寄件人在交寄时应逐项详细、准确填写内件物品名称、件数、申报价值及原产地等项目，同时物品类邮件必须随附中国邮政速递物流固定格式的报关单、CN23报关签条和形式发票，一式两份。

（3）寄件人、收件人的姓名及地址应详细、准确，并尽可能提供电话号码，不可只将邮政信箱号码作为收件人地址。

任务实施

根据任务引入中的信息，选择适用的寄递方式，计算资费后确定最终寄递方式，填写邮政运单。

步骤一：选择寄递方式。

_____

_____

_____

步骤二：计算资费。

_____

_____

_____

步骤三：确定寄递方式。

_____

_____

_____

评价反馈

学生学习评价考核

课程			姓名		学号	
任务名称		邮政物流				
序号	评价内容	考核标准	参考分值	学生自评分值	小组互评分值	教师评价分值	最终考核分值
1	学习能力	了解国际邮件寄递过程；了解万国邮政联盟；了解中国邮政小包、中国邮政大包、e邮宝、国际EMS	40				
2	任务实施情况	能够根据产品特点、资费及时效的要求，选择合适的邮政物流寄递方式	30				
3	学习态度	态度端正，没有无故缺勤、迟到、早退现象	10				
4	学习质量	能按流程规范及操作要求完成学习任务	10				
5	团队合作能力	能与小组成员合作交流、协调工作	10				
总分			100				

任务二 商业快递

学习目标

通过本任务的学习，你可以达到以下目标。

1. 了解商业快递的含义、优势和劣势。

2. 了解著名商业快递公司的基本信息。

3. 掌握商业快递运费的计算公式。

任务导入

受新冠感染疫情的影响，国际物流运输时效大大降低。为了提高配送效率，长风跨境电商拟开拓商业快递物流渠道，小李是该公司运营部门的实习生，需要收集商业快递的相关信息汇报给运营经理，供其根据实际情况决定采用哪家快递公司进行发货。

知识准备

一、商业快递

商业快递是指在多个国家之间进行一般信件、商业单据和物品传递的业务。商业快递模式下，快递公司通过边境口岸和海关传递快递，并需要在目的国重新转运，将快递送到最终目的地。商业快递的业务特点是面向分散的终端客户，会利用各类运输工具及信息系统，构建广阔的覆盖终端客户的网点。

引导问题：商业快递具有哪些优势和劣势？

_____

_____

_____

_____

 扫一扫

请同学们扫描右侧二维码，阅读材料。

 学习提示

邮政普遍服务业务与快递服务业务的根本区别是两者属于不同社会性质的服务产品：一个姓公（社会提供的公共产品）、一个姓私（商家提供的私人产品）。根据万国邮政联盟的规定，邮政普遍服务包括邮政企业对部分信函的专营业务，这是履行国家法定义务，以确保向所有公民提供统一规范、低价普惠的服务，邮政普遍服务属于公共产品性质，万国邮政联盟同时规定，这种服务可委托公共部门或私营部门提供。而快递服务以市场为前提，是市场经济发展的产物，主要为社会有特殊需求和有支付能力的部分成员（多为工商用户）提供个性化、限时送达商业服务，具有私人性质，属于竞争性商务服务产品。

二、著名商业快递公司

通常，著名商业快递公司指DHL、UPS、FedEx、TNT。虽然2016年FedEx收购了TNT，但目前TNT仍沿用原有的营业模式。

（一）DHL

DHL是全球知名的邮递和物流集团 Deutsche Post DHL旗下公司。DHL的业务遍布全球多个国家和地区，国际化程度很深。其拥有多个销售办事处及邮件处理中心，通过覆盖全球多个国家和地区的主要城市的运输网络转运快递。

1.优势

DHL的主要优势是速度快、安全可靠，在美国、西欧国家（地区）有很强的清关能力，可送达国家网点比较多，货物状态更新比较及时，遇到问题解决速度快，整体的服务水平比较高，客户满意度高。

2.劣势

部分重量段的物品运输价格偏高，对所托运的物品限制比较多，拒收许多特

殊物品。

3.时效

正常情况下，2~4个工作日可以货通全球，欧洲和东南亚国家（地区）速度较快，到欧洲国家（地区）3个工作日，到东南亚国家（地区）仅需2个工作日。

4.专线

建立欧洲及周边国家（地区）专线，服务速度快、安全可靠。

（二）UPS

UPS于1907年成立于美国华盛顿州西雅图市，是一家全球性的公司。作为规模巨大的快递承运商与包裹递送公司，UPS每天都在世界上多个国家和区域管理着物流、资金流与信息流。同时，UPS通过结合货物流、信息流和资金流，不断开发供应链管理和电子商务的新领域。

1.优势

UPS服务区覆盖多个国家和地区，并在多个国家和地区中设立了UPS商店、UPS营业店、UPS服务中心、UPS投递箱，能快速派送到北美洲和欧洲国家（地区），具有超强的清关能力。

2.劣势

运费较贵，要计算物品包装后的体积重量，对托运物品的限制比较严格。

3.服务

提供全球货到付款、预付款服务，免费、及时、准确的上网查询服务，加急限时派送服务。

4.时效

正常情况下，2~4个工作日货通全球，特别是在美国，2个工作日即达。

5.运费

运费折扣在3.5~6.5折，并且推出了北美国家（地区）专线特惠运费。

（三）FedEx

FedEx隶属于美国联邦快递集团，为个人和企业提供涵盖运输、电子商务和商业运作等一系列的全面服务。作为一家国际性速递集团，提供隔夜快递、地面快递、重型货物运送、文件复印及递送等服务，总部设于美国田纳西州。2016年，FedEx收购TNT。

1.优势

价格优惠，大部分国家价格优势明显，速度较快，性价比高；支持一票多件，适合发普通货物、注重性价比的客户。

2.劣势

对货物的配送有严格的限制。

3.时效

正常情况下，2~4个工作日即可货通全球。

4.服务

提供国际快递预付款服务，免费、及时、准确的上网查询服务，代理报关服务，上门取件服务等。

5.价格

在中美洲、南美洲及欧洲国家（地区）有价格优势，与其他商业快递公司公布的价格差30%~40%；具有大货优势，到东南亚国家（地区）21kg以上的大货，价格只有UPS、DHL的一半。

（四）TNT

TNT集团总部设在荷兰的阿姆斯特丹，拥有欧洲最大的空陆联运快递网络，能实现门到门的递送服务，并且正通过在全球范围内扩大运营分布来最大幅度优化网络效能。

1.优势

能够提供全球货到付款服务；能够提供免费、及时、准确的货物追踪查询服务；在西欧及中东地区，具有极强的清关能力；无偏远地区派送附加费。

2.劣势

整体时效较低，优势地区较少，对所运货物限制较多。

3.时效

对比DHL、FedEx、UPS的快递时效，TNT整体的时效性相对较差，整体签收时效为5~10天。

4.运费

无偏远地区派送附加费，在西欧国家（地区）价格较低。

三、计算商业快递运费

（一）商业快递公司计费单位

通常，商业快递公司的计费单位都是千克（kg）。DHL、UPS、FedEx、TNT一般是21kg以下按"首重+续重"收费标准计费，即总费用为首重费用与续重费用之和。21kg以下最小计费单位是0.5kg，不足0.5kg的按0.5kg计费，超过0.5kg不超过1kg的按1kg计费，以此类推。以第一个0.5kg为首重，以每增加一个0.5kg为续重。例如，1.85kg就按2kg计费。21kg以上计费单位是1kg，多出1kg不超过第二个1kg计费重量就要多加1kg。例如，35.1kg要按36kg计费，35.9kg也是按36kg计费。

（二）燃油附加费

燃油附加费是航运公司和班轮公会收取的反映燃料价格变化的附加费，该费用以每运输吨多少金额或者以运费的百分比来表示。DHL、UPS、FedEx、TNT的当月燃油附加费都可以通过公司的官网查询到。燃油附加费一般会和运费一起打折。

（三）计算公式

1.实际重量货：实际重量>体积重量

当寄递物品实际重量大于体积重量时，运费计算公式为：运费=首重运费+（实际重量×2-1）×续重运费，如果加收燃油附加费；那么运费计算公式为：运费=[首重运费+（重量×2-1）×续重运费]×（1+当月燃油附加费率）。

例如，15kg物品按首重150元、续重28元，当月燃油附加费率为23.5%计算，则运费=[150+（15×2-1）×28]×（1+23.5%）=1188.07（元）。

2.体积重量货：实际重量<体积重量

先计算体积重量，然后按照"运费=首重运费+（体积重量×2-1）×续重运费"的公式计算运费，通常规则物品的体积重量=长（cm）×宽（cm）×高（cm）/5000。

任务实施

商业快递公司在费用计算上有很多相同的地方，但是根据配送地区、时效要求等会有部分差异，具体细节以当日官网报价为准。长风跨境电商可以根据货物实际情况进行对比，选择性价比高的商业快递公司。

🏅 评价反馈

学生学习评价考核

课程			姓名		学号		

任务名称			商业快递				

序号	评价内容	考核标准	参考分值	学生自评分值	小组互评分值	教师评价分值	最终考核分值
1	学习能力	了解商业快递的含义、优势和劣势; 了解著名商业快递公司的基本信息; 掌握商业快递运费的计算公式	40				
2	任务实施情况	能够根据配送地区、时效要求,选择性价比高的商业快递公司	30				
3	学习态度	态度端正,没有无故缺勤、迟到、早退现象	10				
4	学习质量	能按流程规范及操作要求完成学习任务	10				
5	团队合作能力	能与小组成员合作交流、协调工作	10				
总分			100				

任务三 专线物流

学习目标

通过本任务的学习，你可以达到以下目标。

1. 了解跨境电商的运营模式。

2. 了解跨境电商专线物流。

3. 了解专线物流出口报关流程。

任务导入

2020年10月20日，长风跨境电商的全球通商城接到一笔越南客户购买联想笔记本电脑[商品来源：联想信息产品（深圳）有限公司]的订单，该客户通过PayPal支付了货款。商品将从深圳发出，由中国邮政速递物流配送至客户手中。订单信息如表3-3-1所示，运单信息如表3-3-2所示。

表3-3-1　　　　　　　　　　　　　订单信息

收货信息：阮××，84-67-86××××，越南同塔省沙沥市××路××坊×组××号

订单号：20102009483××××

支付金额：$558.00（PayPal支付）（支付单编号：2010201003302××××）

下单时间：2020年10月20日 09:48:32

商品信息	重量（kg）	单价（美元）	数量（件）	金额（美元）
联想小新 Air 12（6Y30/Windows 10 家庭版 / LTE 4G 12G流量）（商品编码：70835××××）（商品条码：690654××××）	1.20	517.00	1	517.00

商品总价：$517.00

运费：$41.00

税费：$0.00

实付款：$558.00

表3-3-2 运单信息

运单编号：EE60917×××CN	
运费：280.00元	保价费：50.00元
币制：人民币	包裹件数：1件
净重：1.2kg	毛重：1.5kg

长风跨境电商完成了企业备案、产品备案等手续后，需要办理包裹出口报关业务，部门经理安排小李完成该笔订单的报关手续。

知识准备

一、跨境电商的运营模式

跨境电商的运营模式主要可分为自营模式和平台模式两种。一般有实力的中大型企业采用自营模式，小微型企业则选择第三方平台开展跨境电商业务，即采用平台模式。

自营模式是对其经营的商品进行统一生产或采购、在线交易，并通过物流配送将商品投放到最终客户群体的行为。自营模式通过量身定做符合自我品牌诉求和客户需要的采购标准，引入、管理和销售各类品牌的商品，以可靠品牌为支撑点凸显自身品牌的可靠性。自营模式下，企业在商品的引入、分类、展示、交易、物流配送、售后保障等重点环节均发力布局，通过互联网系统管理、建设大型仓储物流体系实现对全交易流程的实时管理。

平台模式涉及跨境电商的各个环节，除了开放买家和卖家数据，还开放交易、物流、评价、仓储、营销推广等各环节的业务，实现应用和平台系统化对接，并围绕平台建立自身开发者生态系统。企业更多作为管理平台运营商存在，通过整合平台服务资源，共享数据，为买卖双方服务。

学习提示

跨境电商业务中有特殊监管区出口业务模式。在该模式下，国内电商企业将货物运送至指定的特殊监管区，生成订单后，在特殊监管区打包配送，可选择陆路口岸、海运口岸、空运口岸进行出境集中申报，具体流程如图3-3-1所示。

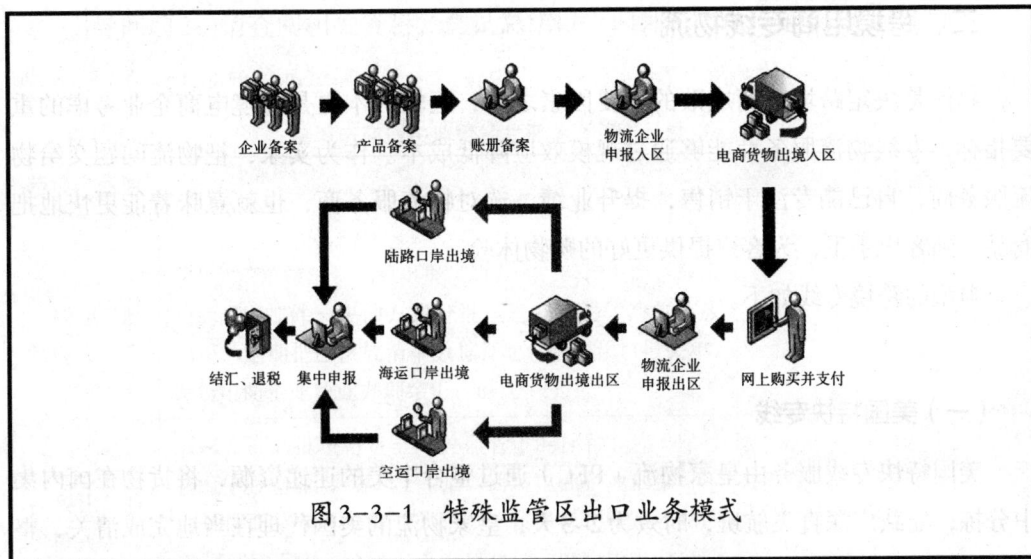

图3-3-1　特殊监管区出口业务模式

⚡ 学习提示

　　跨境电商的两种运营模式的特点如下。

　　1.自营模式的特点

　　（1）自控能力强。自营模式下，企业自行经营商品并负责销售，这使得企业对商品的生产、采购、销售等环节有更强的掌控力。这种全面的控制能力使得企业可以更好地把握市场动态，灵活调整运营策略。

　　（2）提供优质的服务和产品。自营模式意味着企业直接面向消费者，因此能够直接提供优质的商品和服务，从而赢得消费者的信任和好评。

　　（3）强大的品牌效应。自营模式下，企业需要建立自己的品牌，这无疑增强了企业的竞争力。一旦品牌得到了市场的认可，就能形成强大的品牌效应，吸引更多的消费者。

　　（4）成本结构复杂。企业不仅需要投入大量的资金用于商品的采购和库存管理，还需要投入资源维护管理系统和进行营销推广。

　　2.平台模式的特点

　　（1）平台模式的代表企业竞争格局相对稳定。

　　（2）平台给予新卖家更多展示机会，强调生态平衡。

　　（3）同质化严重，复购率不高。

二、跨境电商专线物流

物流是决定跨境电商成败的主要因素之一，运输成本更是跨境电商企业考虑的重要指标，专线物流服务商能够通过规模效应降低成本。作为卖家，把物流问题交给物流服务商，自己能专注于销售，提升业绩。选对物流服务商，也就意味着能更快地把商品送到客户手里，为客户提供更好的购物体验。

典型的跨境专线如下。

（一）美国特快专线

美国特快专线服务由皇家物流（PFC）通过整合中美的速递资源，将货物在国内集中分拣，配载广深直飞航班，时效为2~3天，皇家物流的美国代理在当地完成清关，整体时效控制在6个工作日内。皇家物流美国特快专线时效快，操作灵活，适合递送高价值、有时效要求的物品，且大部分地区无须收取偏远地区附加费。

（二）中欧专线

中欧专线服务是皇家物流与欧洲优质快递公司合作的一项国际专线服务。该服务利用中国香港充足的空运资源与英国清关的优势，打造出时效快、清关能力强的跨境电商专线服务。特别适合递送高价值、有时效要求的轻小物品。中欧专线递送时效为4~8个工作日。重量限制为包裹重量30kg以内，不接收一票多件。

（三）澳洲特快专线[①]

澳洲特快专线是皇家物流联手澳大利亚当地货运商等整合资源开发的国际快递服务，此服务仅限发往澳大利亚的包裹使用。澳洲特快专线妥投仅用4~8个工作日，适合递送高价值、有时效要求的轻小物品。递送时效为4~12个工作日。体积重量限制为：单件重量不能超过30kg，单件尺寸不能超过120cm×50 cm×50 cm。

（四）ARAMEX中东专线

ARAMEX中东专线（又称中东快递）是皇家物流与ARAMEX合作开发的国际快递服务。ARAMEX中东专线可通达中东、北非、南亚等地区的20多个国家，在当地具有很大优势。正常递送时间一般为4~7天，适合递送高价值、有时效要求的物品，

---

① 澳洲特快专线为皇家物流提供的一种跨境物流服务，皇家物流官网所示服务名称写作澳洲，为方便读者查询编者未作更改。

且大部分地区无须收取偏远地区附加费。ARMEX中东专线邮包的体积常规限制在120cm×50cm×50cm以内。ARMEX中东专线邮包体积重量计算公式为长（cm）×宽（cm）×高（cm）/5000，如果邮包体积重量大于实际重量，则按体积重量计费；如果重量超过30kg请提前咨询皇家物流客服。

引导问题：查阅相关资料，思考跨境电商B2C与传统外贸、跨境电商B2B有何区别，将下述内容补充完整。

传统外贸：工厂— _____ — _____ — _____ — _____ —客户。

跨境电商B2B：工厂— _____ — _____ —客户。

跨境电商B2C：_____。

⚡ 学习提示

专线物流中国际专线的优势与劣势如下。

1. 优势

（1）可承接的物品更多样。国际专线可以承接的物品种类多样，可以满足不同客户的出口需求，比如化妆品、电子产品、食品等，都有相应的通道可以运送。

（2）性价比高。国际专线是一条成本效益较高的物流渠道，主要体现在两个方面：一是国际专线的及时性比商业快递要慢，但是比邮政物流要快；二是国际专线的运费比商业快递便宜，而且和邮政小包的价格差别不大。总体而言，国际专线在及时性和运费方面较均衡。

（3）清关高效。大多数国际专线采用关税预付制，通过关税预付制可以提高商品的报关效率，解决卖方所关注的报关问题，而且如果报关这一环节的效率提高了，整个物流的时效也相应地提高了。

2. 劣势

（1）没有标准的补偿方案。与商业快递和邮政物流相比，国际专线没有标准的赔偿条款，也没有衡量货物损失的标准。赔偿金额相对较低，托运人寄件风险相对较高。

（2）航班不稳定。为了节约运输成本，国际专线采用集中装运的方式，许多物流公司都没有固定航班，一般都是在收货量达到预估值后再安排航班装运，因此，货物的时效也就成了问题。

（3）物流信息不详。由于国际专线网点较少，因而追踪信息不够详细，货主无法及时获取物流信息。

任务实施

步骤一：出境申报，传输三单信息。

境外客户在长风跨境电商的全球通商城下单并支付后，生成订单信息、支付单信息、运单信息（统称为三单信息）。跨境电商零售出口商品申报前，小李根据三单信息，通过跨境电子商务报关服务平台（以下简称服务平台）如实向海关传送相关电子信息，如表3-3-3所示。服务平台进行数据预处理后传输至海关跨境贸易电子商务监管系统，海关备案回执通过服务平台反馈给长风跨境电商。

表3-3-3 　　　　　　　　　　相关电子信息

订单号	20102009483××××		
电商平台代码	××××××××	电商平台名称	全球通商城
电商企业代码	××××××××	电商企业名称	长风跨境电子商务有限公司
支付单编号	2010201003302×××		
支付企业代码	××××××××	支付企业名称	PayPal
交易号	—	订购人姓名	阮××
订购人证件类型	—	订购人证件号码	×××××
收货人姓名	阮××	收货人电话	84-67-86××××
收货人地址	越南同塔省沙沥市××路××坊×组××号	收货人行政区域代码	—
商品批次号	—	货款金额	$517.00
运费	$41.00	优惠减免金额	$0.00
订单商品税款	$0.00	实际支付金额	$558.00
币制	美元	备注	—

商品序号	企业商品编码	企业商品名称	商品条码	单位	数量	单价（美元）	总价（美元）	币制	原产国
1	70835×××	联想小新Air 12（6Y30/Windows 10 家庭版/LTE 4G 12G流量）	690654×××	台	1	517.00	517.00	美元	中国

运单编号	EE60917××××CN		
物流企业代码	××××××××	物流企业名称	中国邮政速递物流
运费	¥280.00	保价费	¥50.00
币制	人民币	毛重（kg）	1.5
主要商品信息	联想小新Air 12	备注	—

步骤二：提交申报清单数据。

小李通过服务平台向海关提交跨境电商零售出口商品申报清单，并采取"清单核放、汇总申报"方式办理出口报关手续。跨境电商零售出口商品申报清单如表3-3-4所示。

步骤三：商品出境。

小李完成联想小新 Air 12 的打包、装车等活动，并由中国邮政速递物流运往机场快件监管中心。

海关通过服务平台审核清单数据，在确定单货相符后办理放行手续。最终，包裹以空运的形式出境。

步骤四：汇总申报。

商品离境后，小李于2020年11月10日之前将跨境电商零售出口商品申报清单上的信息进行归并，汇总形成出口货物报关单，向海关申报。其中，包含联想笔记本电脑的出口货物报关单如表3-3-5所示。

步骤五：办理退税。

长风跨境电商使用出口退税申报系统办理出口货物劳务退（免）税业务、免税申报业务及申请开具相关证明业务。同时，海关在核实货物实际出境后向国家税务总局传输出口报关单结关信息电子数据。

表3-3-4　　　　　跨境电商零售出口商品申报清单

预录编号	—	海关清单编号	CF20201021-100000 -174	业务状态	—
企业内部编号	CF20201021-100000 -174	申报类型	—	入库时间	—
报关企业代码	××××××××××	出口口岸代码	5304	申报日期	2020年10月21日
报关企业名称	长风跨境电子商务有限公司	出口日期	2020年10月21日	区内企业名称	—
电商平台代码	××××××××××	区内企业代码	—	订单号	20102009483××××
电商平台名称	全球通商城	运单编号	EE60917×××CN	收/发货人名称	长风跨境电子商务有限公司
物流企业代码	××××××××××	收/发货人代码	××××××××××	监管场所代码	—
物流企业名称	中国邮政速递物流	许可证号	VVTS	贸易方式代码	9610
生产销售单位代码	2104179260	航班航次号	MU53××	运单编号	EE60917×××CN
生产销售单位名称	联想信息产品（深圳）有限公司	运输工具代码	323	总包号	—
运抵国（地区）代码	141	运费币制代码	142	保费标志	3
运输方式代码	6	保费币制代码	142	毛重（kg）	1.5
运费（元）	280.00	件数	1	净重（kg）	1.2
保费（元）	50.00	包装种类代码	2		
包装种类代码	2	备注	—		

续　表

商品信息						
商品项号	1		商品编码	70835××××	海关商品编码	8471301000	商品名称	笔记本电脑

商品信息				
规格型号	6Y30/Windows 10 家庭版/LTE 4G 12G 流量	商品条码	690654××××	最终目的国（地区）代码	141	币制代码	502

申报数量	1	申报计量单位	台	法定数量	1	法定计量单位	台

第二法定数量	—	第二计量单位	—	单价（美元）	517.00	总价（美元）	517.00

表 3-3-5　包含联想笔记本电脑的出口货物报关单

预录入编号：—			海关编号：—		
收/发货人：长风跨境电子商务有限公司			出口口岸：蛇口海关 5304	出口日期：—	申报日期：2020年11月10日
生产销售单位名称：联想信息产品（深圳）有限公司			运输方式代码：6	运输工具代码：323	提运单号：—

续　表

申报单位： 长风跨境电子商务有限公司	贸易方式代码： 9610	征免性质： 一般征税 101	备案号： —
贸易国（地区）及代码： 越南 141	指运港代码： VVTS 运抵国（地区）及代码： 越南 141		境内货源地： 深圳
许可证号： —	成交方式： FOB	运费*： 142/××/3	保费*： 142/××/3	杂费*： 142/××/3
合同协议号： —	件数： —	包装种类： 纸箱	毛重（kg）： —	净重（kg）： —
集装箱号： 0	随附单证： —		
标记唛码及备注： —			

续 表

商品序号	企业商品编码	企业商品名称	数量及单位	最终目的国（地区）	单价（美元）	总价（美元）	币制	征免
1	70835××××	联想小新 Air 12 6Y30/Windows 10 家庭版/LTE 4G 12G流量	1台	越南141	517.00	517.00	美元502	照章

录入人员：—

录入单位：—

兹申明对以上内容承担如实申报、依法纳税之法律责任

海关批注及签章：—

报关人员：—

申报单位（签章）：—

注*：这是报关单中关于运费、保费、杂费的填制方式，"××"在具体业务中用具体数字代替。

评价反馈

学生学习评价考核

课程			姓名		学号		
任务名称			专线物流				
序号	评价内容	考核标准	参考分值	学生自评分值	小组互评分值	教师评价分值	最终考核分值
1	学习能力	了解跨境电商的运营模式；了解跨境电商专线物流；了解专线物流出口报关流程	40				
2	任务实施情况	能够掌握专线物流出口报关流程	30				
3	学习态度	态度端正，没有无故缺勤、迟到、早退现象	10				
4	学习质量	能按流程规范及操作要求完成学习任务	10				
5	团队合作能力	能与小组成员合作交流、协调工作	10				
总分			100				

任务四　海外仓作业

学习目标

通过本任务的学习，你可以达到以下目标。

1.了解海外仓的概念。

2.了解跨境电商海外仓的发展现状。

3.了解海外仓的经营模式、作业流程。

任务导入

长风跨境电商的LED（发光二极管）灯管产品主要销往美国和欧洲国家（地区）。公司为满足市场化需求，增设海外线上销售模式，把线上、线下销售模式相结合，并在亚马逊平台上开设了多个店铺。

公司得知易云仓可以帮助企业在海外分销、代理发货，并且能省去自己在海外建仓的一系列费用后，决定采用易云仓的海外仓模式，因此，相关部门需要先了解海外仓才能开展具体工作。

知识准备

一、海外仓的概念

海外仓是指在除本国（地区）的其他国家（地区）建立的海外仓库，一般用于电商业务。海外仓储服务是指为卖家在销售目的地进行货物仓储、分拣、包装和派送的一站式管理服务。这种新的形式有利于解决发展跨境电商的种种痛点，有助于电商企业"走出去"。对于卖家来说，海外仓有优势，也有劣势。

二、跨境电商海外仓的发展现状

据不完全统计，我国超过200家企业在境外设立了各类海外仓，海外仓数量超过500个。在地区分布上，我国企业设立的海外仓主要集中在发达国家（地区）；国别上主要有美国、英国、德国、澳大利亚、加拿大、荷兰、西班牙、日本等；形式上以租用仓为主，自建仓较少；数量上呈快速增长趋势，2014年以后设立的海外仓占一半以上。广东、福建、江苏、浙江的企业在海外设仓数量较多。

2020年跨境电商发展迅猛，全年通过海关跨境电子商务管理平台验放进出口清单24.5亿票，同比增长63.3%。随着跨境电商迅速发展，中国企业加快搭建包括海外仓在内的跨境物流体系，海外仓成为支撑跨境电商发展、拓展国际市场的新型外贸基础设施。

⚡ 学习提示

商务部于2015年发布《"互联网＋流通"行动计划》，提出运用市场化机制，推动建设100个电子商务海外仓。

2016年的政府工作报告提出扩大跨境电子商务试点，支持企业建设一批出口产品"海外仓"。

《国务院关于加快培育外贸竞争新优势的若干意见》中鼓励跨境电子商务企业通过规范的"海外仓"等模式，融入境外零售体系。

引导问题1：目前，我国政府正在积极推动并且大力引导海外仓的建设与发展。旨在推动流通产业转型升级，打通"最后一公里"，鼓励电商企业"走出去"，积极参与国际贸易及海外仓的建设和发展。对于卖家来说，海外仓有何优势和劣势？

_____

_____

_____

⚡ 学习提示

海外仓的功能如下。

从目前各项数据和发展趋势来看，海外仓是跨境电商的重要突破口，其对于提升卖家售卖和买家购买体验具有唯一性的支持能力。第一，最大海外买家市场——欧美市场，越来越要求本地发货及本地化售后服务；第二，尺寸大、重量大的商品，其售卖量增长迅速；第三，基于海外仓的一站式整体物流解决方案可以有效降低卖家物流成本，提升物流稳定性。

引导问题2：国内生产商利用跨境电商企业的海外仓，可以通过网络平台直接与国外采购商接触，免去了多余的环节，节省了费用，这让跨境电商企业在近几年纷纷试水海外仓，那么海外仓的经营模式有哪些呢？

_____

_____

_____

_____

⚡ 学习提示

跨境电商企业在选择海外仓经营模式时面临的挑战如下。

1. 市场调研

跨境电商企业在选择海外仓经营模式时，首先需要对目标市场进行深入的调研，了解当地的消费者需求、购买习惯、物流配送体系等，以便选择合适的海外仓模式。

2. 法律法规

不同国家和地区的法律法规差异较大，跨境电商企业需要充分了解目标国家和地区的税收政策、进出口政策和知识产权保护等方面的法律法规，以确保合规经营。

3. 成本控制

海外仓的运营成本包括仓储租金、人员工资、物流配送费用等，跨境电商企业需要在保证服务质量的前提下，合理控制成本，提高盈利能力。

4. 供应链管理

跨境电商企业需要建立完善的供应链管理体系，确保货物从生产到销售的各个环节顺畅运作，降低库存积压和滞销风险。

5. 人才培训

跨境电商企业需要培养一支具备国际化视野和专业能力的人才队伍，以应对海外市场的挑战和机遇。

6. 风险管理

跨境电商企业需要关注汇率波动、政治风险、自然灾害等潜在风险，制定相应的风险应对措施，确保企业稳健发展。

引导问题3：海外仓是跨境电商发展的重要物流配套设施，你知道海外仓的作业流程吗？

_____

_____

_____

_____

⚡ 学习提示

海外仓作业中的注意事项如下。

1. 费用

只有在选品合适和运营顺畅的条件下，海外仓综合成本才会低。若选品出错，则会付出巨大代价。订单少、平均仓租负担高、重量轻且价格低的产品更适合直邮，因为在海外仓中一旦出现滞销便是每日贴钱。不同国家（地区）仓储及配送费用不同，可以对不同发货方式进行对比。另外，分段成本核算要精细，要考虑头程运费、清关税费及配送费等，不能只考虑仓租优惠。

2. 库存

货物在海外仓必须有一定的库存量，过多的存货会占用企业大量现金流，这会让卖家有资金压力。因此，卖家要做好库存分析，把握好销售周期，尽量控制发货节奏及安全库存，根据销量补货，避免产品滞销、脱销的情况出现。比如服装、鞋类产品等季节性强的消费品，卖家要考虑淡旺季的备货策略。

3. 运营风险

海外仓作业采取"贸易出口＋境外本地"运营模式，有其特定的跨国风险。首先，要检查产品是否符合进口国当地质量标准、是否侵权，如果因产品质量问题，引起客户投诉，仓库都可能遭到查封，那就血本无归，甚至殃及池鱼。其次，入境关税及在线销售税也是无法回避的问题。此外，除了FBA仓和自营海外仓，异地管理下使用第三方海外仓要选信誉好的服务商，因为货物要全部发给对方。

任务实施

步骤一：了解海外仓的岗位设计及岗位职责。

海外仓的货物因涉及跨境相关问题，所以会有清关等业务，但企业若将该部分业务外包，海外仓的组织架构中则可以不用设置清关相关业务岗位。海外仓的岗位设计及岗位职责如图3-4-1所示。

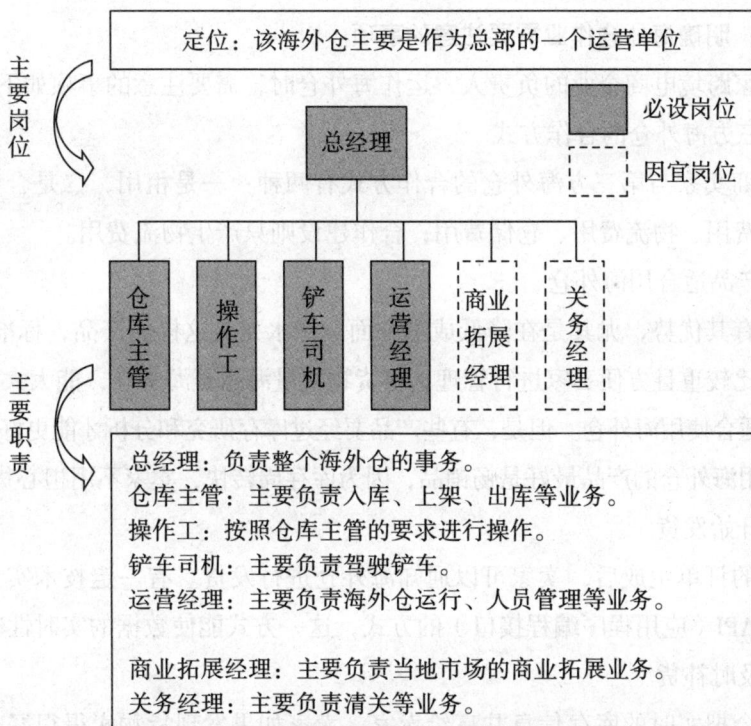

定位：该海外仓主要是作为总部的一个运营单位

■ 必设岗位

┆ 因宜岗位

总经理

仓库主管　操作工　铲车司机　运营经理　商业拓展经理　关务经理

总经理：负责整个海外仓的事务。
仓库主管：主要负责入库、上架、出库等业务。
操作工：按照仓库主管的要求进行操作。
铲车司机：主要负责驾驶铲车。
运营经理：主要负责海外仓运行、人员管理等业务。
商业拓展经理：主要负责当地市场的商业拓展业务。
关务经理：主要负责清关等业务。

图3-4-1　海外仓的岗位设计及岗位职责

步骤二：思考海外仓外包需要考虑的因素。

海外仓外包需要考虑的因素如下。

1. 专业的大宗货物运输能力

专业的大宗货物运输能力包括大宗货物保障能力和运输成本控制能力，涉及运输工具的数量和质量、海外仓运输网络的覆盖范围。在海外仓外包时，需要考虑海外仓的运输能力能否满足本企业的需求，包括货物的数量、种类和目的地等需求。

2. 专业的海内外贸易清关能力

在海外仓外包时，选择的海外仓需要具备专业的海内外贸易清关能力，包括了解当地的进出口法规和政策、熟悉清关流程、具备专业的报关团队等，这些能力对于货物的顺利进出口至关重要。因此，在海外仓外包时，需要考虑海外仓的清关能力是否能够确保货物的快速、顺利通关。

3.专业的仓储管理能力

目前正处于起步阶段的跨境电商企业在消化物流成本方面的能力还比较弱，但是对仓储库存以及订单处理准确率的要求却相当高，加上每日大量的订单以及高频率的退货，这就要求海外仓具备相当专业的管理能力，只有自营多年的资深国际仓储物流企业才能达到这样的要求。

步骤三：明确海外仓作业需要注意的事项。

作为一家跨境电商企业的负责人，运作海外仓时，需要注意的事项如下。

1.与第三方海外仓的合作方式

跨境电商卖家与第三方海外仓的合作方式有两种：一是租用，二是合作建设。租用存在操作费用、物流费用、仓储费用；合作建设则只产生物流费用。

2.什么产品适合用海外仓

海外仓有其优势，尤其是在降低成本方面。像水龙头这样的产品，标准化水平高，SKU不多，比较重且方便卖家进行管理，将货物批量海运至海外仓，能大大降低物流成本，就非常适合使用海外仓。但是，有些产品要经过库存研究和分析才能更好地使用海外仓。建议使用海外仓的产品最好是畅销品，因为库存周转快，卖家不用担心货物积压。

3.如何开始发货

海外仓的订单生成后，卖家可以通知海外仓进行发货。有一定技术实力的卖家建议使用对接API（应用程序编程接口）的方式，这一方式能使数据的实时性有所保证。

4.如何及时补货

海外仓会把实时的库存信息共享给卖家，卖家如果发现货物卖得很好，就需要提前准备往海外仓发货。一般情况下，需要设一个库存预警值。当产品库存低于某个值时，就通知卖家准备补货。这个值需要根据销售情况进行调整，如果每天的销售量就是10个，那么库存预警值就应预置为10。

5.如果产品滞销怎么办

使用海外仓，一定要集中销售资源，一旦分散，海外仓的产品容易滞销。另外，产品一定要热卖，否则会增加整体成本。

部分产品滞销，或者周转期太长，会导致成本上升（如增加租赁费用等）。卖家若有好的销售策略，则可以提高销售速度。但要注意产品的生命周期，如电池存放的时间越长，质量越容易受到影响，所以要把握好库存。

6.海外仓的清关问题

对于跨境电商企业，之前大多采用的是邮政小包的物流方式，清关没什么大问题。

但是，借用海外仓批量发货，则要采用大宗货物清关方式，清关检查严格，要求提供相关证明。

评价反馈

学生学习评价考核

课程			姓名		学号	
任务名称		海外仓作业				

序号	评价内容	考核标准	参考分值	学生自评分值	小组互评分值	教师评价分值	最终考核分值
1	学习能力	了解海外仓的概念； 了解跨境电商海外仓的发展现状； 了解海外仓的经营模式、作业流程	40				
2	任务实施情况	能阐述海外仓的岗位设计及岗位职责； 能阐述海外仓外包需要考虑的因素； 能阐述海外仓作业需要注意的事项	30				
3	学习态度	态度端正，没有无故缺勤、迟到、早退现象	10				
4	学习质量	能按流程规范及操作要求完成学习任务	10				
5	团队合作能力	能与小组成员合作交流、协调工作	10				
总分			100				

项目四　保税仓业务模式

任务一　保税仓业务认知

学习目标

通过本任务的学习，你可以达到以下目标。

1. 了解保税仓与跨境电商保税仓。
2. 了解跨境电商保税监管方式。
3. 掌握跨境电商保税进口流程。

任务导入

达能集团是长风跨境电商长期合作的供应商，一直以来都是通过直邮的方式在长风跨境电商平台销售其生产的孕妇专用化妆品。现在，由于孕妇专用化妆品的需求增加，拟通过网购保税的方式供货，小张作为长风跨境电商平台的工作人员，需要了解保税仓及跨境电商保税的基本知识。

知识准备

一、保税仓

保税仓是由海关批准设立的供进口货物储存而不受关税法和进口管制条例管理的仓库，储存于保税仓内的进口货物经批准可在仓库内进行改装、分级、抽样、混合和再加工等，这些货物如果再出口则免缴关税，如果进入国内市场则须缴关税。

保税仓与一般仓库不同的是，它在保税区围网内（境内关外）受海关监管，有专门的账册，货物的跨账册移动、跨仓移动、跨保税区移动、入区/出区、数目增减等，都需要向海关申请，得到批准后方能操作，相当于货物通过贸易或者与第三方达成协议存入海关监管仓库，可以在仓库完成分货、集中配送和分批配送等作业。

📱 扫一扫

请同学们扫描右侧二维码，观看视频。

引导问题：现在越来越多的跨境电商平台选择在保税仓发货，那么你知道跨境电商保税仓是什么吗？

_____

_____

_____

_____

二、跨境电商保税监管方式

1.海关监管方式代码"1210"

该方式全称保税跨境贸易电子商务，简称保税电商，俗称备货模式。"1210"监管方式用于进口时仅限经批准开展跨境贸易电子商务进口试点的海关特殊监管区域和保税物流中心（B型）。跨境电商平台可以将尚未销售的商品整批发至国内保税物流中心，再进行网上零售，卖一件，清关一件，没卖掉的就不能出保税中心，但也无须报关，卖不掉的可直接退回国外。

2.海关监管方式代码"1239"

该方式全称保税跨境贸易电子商务A，简称保税电商A，与"1210"监管方式相比，"1239"监管方式适用于境内电子商务企业通过海关特殊监管区域或保税物流中心（B型）一线进境的跨境电子商务零售进口商品，天津、上海、宁波、郑州、深圳等十个城市开展跨境电子商务零售进口业务暂不适用"1239"监管方式。

3.海关监管方式代码"9610"

该方式全称跨境贸易电子商务，简称电子商务，为了促进跨境贸易电子商务零售进出口企业通关，自2014年，海关总署增列海关监管方式代码"9610"，该监管模式适用于境内个人或电子商务企业通过电子交易平台实现交易，并采用"清单核放、汇总申报"模式办理通关手续的电子商务零售进出口商品。商家将多个已售出商品一起打包，通过国际物流运送至国内的保税仓库，电商企业拆大包按小包（单个订单包裹）逐个申报，为每件商品办理海关通关手续，经海关查验放行后，再由国内快递派送至客户手中。

任务实施

步骤一：了解跨境电商保税进口的场地条件。

海关特殊监管区域、保税物流中心（B型）内应设置信息化系统、专用查验场地、X光机查验分拣系统，配备视频监控设备。企业应建立符合海关监管要求的仓储管理系统，设置专用区域存放电商商品，未经海关同意，不得与其他商品混存，专用区域按照作用可以大致分为_____、_____、_____、_____。

步骤二：跨境电商保税进口前置准备。

1.企业备案

通常跨境电商零售进口业务的参与主体企业可分为_____、_____、_____、_____、_____，上述企业需要向所在地海关办理注册登记备案。

2.系统对接

境外跨境电商企业及其境内代理人、跨境电商平台、境内服务商、支付企业、物流企业应按照相关数据传输的格式及要求，分别同_____或_____进行信息化系统对接，进而实现与海关系统对接，以向海关部门传送交易单、支付单、运单、跨境电子商务零售进口商品申报清单等电子信息。

3.税款担保

客户为跨境电子商务零售进口商品的纳税义务人，跨境电商平台、物流企业、境内服务商作为税款的代收代缴义务人，在开展业务前以保证或者保函方式，向海关提交_____，并在跨境电子商务零售进口商品的信息化系统中录入担保信息，海关予以确认。

4.建立账册

企业在海关系统建立_____，为记录和核算商品进境、存储等做好准备。

步骤三：明确跨境电商保税进口流程。

根据跨境电商保税进口流程，将下述内容补充完整。

1.商品进入特殊区域（中心）

跨境电子商务零售进口商品入境后需要向海关申报。试点城市的监管方式应填报_____，其他城市应填报_____。商品在进境口岸进行海关检查（检疫）后，放行进入特殊区域（中心），进行理货、存储。

2.销售转出特殊区域（中心）

商品在跨境电商平台销售后，相关企业分别向海关传输三单电子信息，并申报_____，货物打包、海关放行后转出特殊区域（中心），运送至客户。

3.退货管理

允许境外跨境电商企业境内代理人或其委托的报关企业对订单内的部分或全部商品申请退货，退货商品应在_____运抵_____，相应税款_____，并调整_____。

4.汇总征税

_____未发生退货或报关单修改和撤销的，税款代收代缴义务人在_____向_____办理纳税手续，缴纳税款后担保额度_____。

🏅 评价反馈

学生学习评价考核

课程			姓名		学号	
任务名称			保税仓业务认知			

序号	评价内容	考核标准	参考分值	学生自评分值	小组互评分值	教师评价分值	最终考核分值
1	学习能力	了解保税仓与跨境电商保税仓；了解跨境电商保税监管方式；掌握跨境电商保税进口流程	20				
2	任务实施情况	深入了解跨境电商保税进口相关内容	30				
3	学习态度	态度端正，没有无故缺勤、迟到、早退现象	20				
4	学习质量	能按流程规范及操作要求完成学习任务	10				
5	团队合作能力	能与小组成员合作交流、协调工作	20				
总分			100				

任务二 保税仓入库、出库

学习目标

通过本任务的学习，你可以达到以下目标。

1. 了解跨境电商保税进口模式。

2. 能执行保税仓入库操作。

3. 能执行保税仓出库操作。

任务导入

为备战"双十一"，长风跨境电商采用跨境电商保税进口模式将合作企业的旗下产品直供中国客户。10月31日，最后一批进口罐装奶粉安全运抵宁波港。这批进口货物在宁波口岸完成相关报关、报检手续后，已由送货车辆送往位于宁波保税物流园区的长风保税仓收货口。保税区进境货物载货清单如表4-2-1所示。

表4-2-1　　　　　　　　保税区进境货物载货清单

（交海关卡口验放）

保税

验封 请从智能化车道过卡，刷二维码放行

载货清单号	31052021103100××××	单证类型	普通仓储进境载货清单
对应单证号	31052021103112××××	运输企业	蓝海国际货运代理有限公司
收货单位编号	330246××××	收货单位名称	长风跨境电子商务有限公司
运输工具号	浙B8×××挂	空车重量	15000kg
件数	4500	需核次数	1
集装箱号1	TGHU202××××	封志号1	—
集装箱号2	—	封志号2	—
拼箱标志	否	拼箱地点	无
商业封志号	—	重箱堆放	否
拼车标志	否	施验封标志	是
录入人	李××（310B00001）	录入时间	2021年10月31日17:34:00

续　表

备注	港口直通1

商品名称	商品规格	商品编号	数量	毛重/净重
诺优能2段奶粉	800g/罐，6罐/箱	878117601752	3000罐	3800kg/2400kg
诺优能4段奶粉	850g/罐，6罐/箱	878117601044	1500罐	2610kg/1275kg

海关批注、签章	收货单位签收（盖章） 长风跨境电子商务有限公司

该批罐装奶粉顺利入库后，“双十一”期间在长风国际商城进行销售，截至11月11日8点，已接受3000个客户订单，保税仓物流系统订单管理界面如图4-2-1所示。

长风国际商城　　注销

订单管理中心-订单列表　　订单查询

订单号　　收货人　　订单状态　　搜索

订单号	下单时间	收货人	总金额	应付金额	订单状态	操作
202111110001	11-11 00:00	杨阳[TEL:123]	¥499.00	¥552.38	未确认,已付款,未发货	查看
202111110002	11-11 00:00	周东[TEL:123]	¥299.00	¥334.58	未确认,已付款,未发货	查看
202111110003	11-11 00:00	方晴[TEL:123]	¥299.00	¥334.58	未确认,已付款,未发货	查看
202111110004	11-11 00:00	蓝天[TEL:123]	¥499.00	¥562.38	未确认,已付款,未发货	查看
202111110005	11-11 00:00	吴磊[TEL:123]	¥299.00	¥344.58	未确认,已付款,未发货	查看

1/600页　下一页

图4-2-1　保税仓物流系统订单管理界面

其中，以订单号为202111110001的客户订单为例，订单详情如表4-2-2所示。

表4-2-2　　　　　　　　　　订单详情

收货人：杨阳（收货人身份证号码：50010619880727××××）

联系电话：135×××1616

收货地址：重庆市沙坪坝区磁器口正街××号×××

订单号：202111110001

支付金额：¥552.38（支付宝支付）（支付单编号：202111110004016 5100000）

下单时间：2021-11-11　00:00

商品信息	重量（kg）	单价（元）	数量	金额（元）
诺优能2段奶粉800g两罐组合 适用税率：11.9%	1.60	75.00	2	130.00
诺优能4段奶粉850g四罐组合 适用税率：11.9%	3.40	92.25	4	369.00

商品总价：¥499.00

活动优惠：–¥6.00

运费：¥0.00

税费：¥59.38

实付款：¥552.38

知识准备

一、保税进口模式

保税进口模式，又称保税备货模式，是利用国内保税区的特殊优惠政策，针对国内客户购买个人自用合理数量国外商品而实行的跨境电商模式。也就是境外商品入境后暂存保税区内，客户购买后以个人物品名义清关出区，包裹通过国内物流的方式送达境内客户。这种模式具有价格便宜、收货时间短、品质有保障和售后服务方便等优势，但也有购买商品种类、数量、金额及经营企业条件等限制。

二、跨境电商保税进口模式

跨境电商保税进口模式按照"整批进、分散出"的形式进行，如图4-2-2所示。"整批进"就是整批进口货物通过海外综合服务平台向海关备案并申报进入海关保税区；"分散出"就是跨境电商企业将个人网购后产生的订单传送至跨境电商综合服务平台，平台立即向海关申报，实现自动化电子清关，清关成功后将根据订单分批运出保税仓并安排派送。

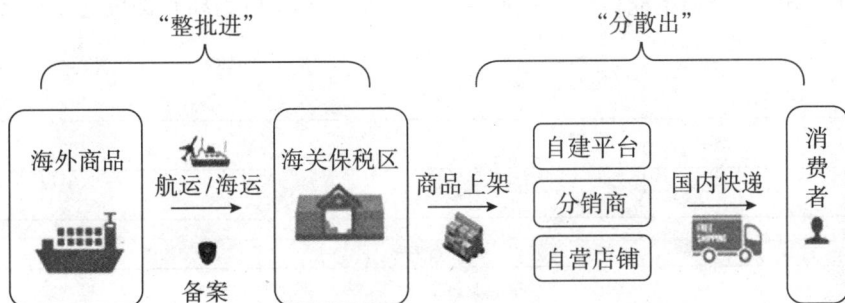

图 4-2-2　跨境电商保税进口模式

学习提示

相较于海外直邮模式，跨境电商保税进口模式的优势主要表现在以下两点。

一是加快了配送速度。相较于海外直邮模式，在跨境电商保税进口模式下，跨境电商企业先将货物存放在保税仓，在客户下单后，直接从境内的保税仓发货，大大缩短了跨境配送时间。

二是降低了物流成本。客户网购的国外商品如果通过海外直邮模式寄送回来，单件商品的配送费用较高。而在跨境电商保税进口模式下，国际物流段是批量运输的，可以大幅降低单件商品的物流成本，客户往往只需支付国内物流的配送费用。

扫一扫

请同学们扫描右侧二维码，登录某国外购物网站，进入全球直邮配送收费页面。

引导问题 1：1kg 商品通过跨境电商保税进口模式，送到中国的客户手中往往只需要5~15元国内快递配送费。同样重量的商品，通过海外直邮模式，你知道中国客户需要支付的配送费是多少吗？你可以尝试登录国外购物网站的全球配送页面进行查询。

我国客户从_____（国家/地区）通过_____（配送企业）直邮1kg商品运至国内的配送费，约合人民币_____元。

引导问题2：跨境电商保税进口商品从进入保税仓，再到离开保税仓，需要经历哪些环节？

_____

_____

_____

_____

任务实施

步骤一：收货入库。

1.登记卸货

车辆到达保税仓指定的收货月台，收货员对货物进行登记卸货作业。

请根据图示的作业场景，将登记卸货作业环节图示、名称及作业内容（见表4-2-3）补充完整。

表4-2-3　　　　　登记卸货作业环节图示、名称及作业内容

作业环节图示、名称	作业内容

续　表

作业环节图示、名称	作业内容

2. 入库码放

收货员在卸货区将托盘货物的覆膜拆除，如图4-2-3所示，对照载货清单认真识别两种不同规格的货物，并分类码放，如图4-2-4所示。

图4-2-3　拆除覆膜

图 4-2-4　分类码放

3.清点核对

收货员根据载货清单进行清点核对，确认收到的货物分别是编号为878117601752的诺优能2段奶粉以及编号为878117601044的诺优能4段奶粉，与载货清单上的商品信息一致。如图4-2-5所示。

图 4-2-5　清点核对

所有货物的外包装都没有脏污、破损或变形的情况，且实物数量与载货清单上的数量一致，具体内容如下。

诺优能2段奶粉收货500箱，每箱6罐，实际点数3000罐，与载货清单上的数量一致，确认可以收货；诺优能4段奶粉收货250箱，每箱6罐，实际点数1500罐，与载货清单上的数量一致，确认可以收货。

根据两种货物的存储及码放要求，计算两种货物的托盘数量。

诺优能2段奶粉收货500箱，整托数量为24箱/板，需要21个托盘，其中，20个整托（可放480箱）和1个非整托（可放20箱）；诺优能4段奶粉收货250箱，整托数量也是24箱/板，需要11个托盘，其中，10个整托（可放240箱）和1个非整托（可放10箱）。

 **学习提示**

> 收货员根据载货清单对入库货物的商品信息、外包装、数量进行全检。一是检查商品信息是否与载货清单上的信息一致；二是检查外包装是否有脏污、破损或变形等情况；三是核实商品的数量是否准确。若发现外包装损坏或者数量短少的情况，要及时反馈给仓库关务，必要时需按规定办理退运或者换货手续。

4.收货确认

收货员对收取的货物清点核对无误后，在载货清单上加盖收货确认章，并提交至订单员。

步骤二：质检理货。

1.海关查验

根据海关提前公布的查验货品清单可知，这批货物也在其中，查验货品清单如表4-2-4所示。

表4-2-4 查验货品清单

序号	H.S.编码	品名/规格	数量	已报品名	备注
1	1901101000	诺优能2段奶粉800g	3箱	Y	—
2	1901101000	诺优能4段奶粉850g	3箱	Y	—
3	9619001010	丽贝乐1号纸尿裤	7箱	Y	—
4	9619001010	丽贝乐2号纸尿裤	7箱	Y	—
5	9619001010	丽贝乐3号纸尿裤	7箱	Y	—
6	9619001010	丽贝乐4号纸尿裤	7箱	Y	—
7	9619001010	丽贝乐5号纸尿裤	7箱	Y	—

本清单真实有效，如有虚假，本司愿承担相关责任。

盖章有效

收货员根据查验货品清单，将货品暂存在仓库监管区域，并将待验货品按照批次、SKU、报关单序列号进行摆放。

请在下列托盘中将待检货品按要求进行摆放，摆放示意如图4-2-6所示。

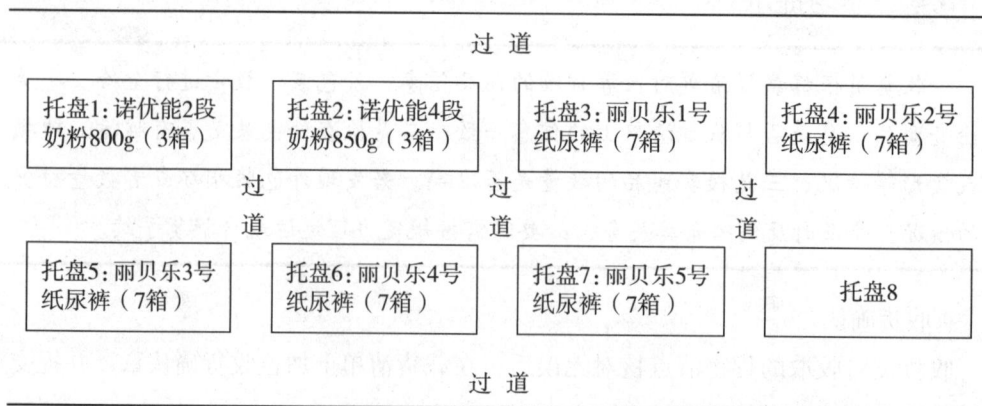

过　道

托盘1：诺优能2段奶粉800g（3箱）	托盘2：诺优能4段奶粉850g（3箱）	托盘3：丽贝乐1号纸尿裤（7箱）	托盘4：丽贝乐2号纸尿裤（7箱）

过道　　　　　　　　过道　　　　　　　　过道

托盘5：丽贝乐3号纸尿裤（7箱）	托盘6：丽贝乐4号纸尿裤（7箱）	托盘7：丽贝乐5号纸尿裤（7箱）	托盘8

过　道

图4-2-6　摆放示意

2.粘贴追溯防伪标签

海关查验无异常后，贴标人员至关务处领取溯源码，为每件商品贴上追溯防伪标签，粘贴追溯防伪标签如图4-2-7所示。

图4-2-7　粘贴追溯防伪标签

步骤三：实际入库。

1.保税仓系统收货确认

长风保税仓订单员将载货清单上的数据明细录入保税仓系统，完成系统收货。根据收货的托盘数量，得出货物所需占用的货位数量：诺优能2段奶粉收货500箱，21个托盘，需要21个货位，入库平仓B区；诺优能4段奶粉收货250箱，11个托盘，入库平仓B区，需要11个货位。保税进口货物入库单（部分）如表4-2-5所示。

表4-2-5　　　　　　　　　　保税进口货物入库单（部分）

编号：2016110110000007

监管场所经营人名称：长风国际商城				入库时间：2021年10月31日			库区：平仓B区
商品编码	商品名称	单位	数量	规格	板数	存储货位	
878117601752	诺优能2段奶粉	罐	3000	6罐/箱，24箱/板	21板	1B01-01-01至1B01-01-10	
						1B01-02-01至1B01-02-10	
						1B01-03-01	
878117601044	诺优能4段奶粉	罐	1500	6罐/箱，24箱/板	11板	1B01-03-02至1B01-03-10	
						1B01-04-01至1B01-04-02	

制单人：A003　　　　　　　　　　　　　　　　制单时间：2021年10月31日18:02:55

2.货物入库操作

上架员到订单员处领取入库单后，到收货暂存区与收货员进行交接。双方确认交接商品信息一致且数量准确，收货员签字，上架员进行入库操作。

上架员进行入库操作时，首先，手持扫描枪扫描入库单上的条码，接收上架任务；其次，扫描商品编码信息，并根据入库单的存储货位信息，将托盘货物搬运至指定的货位；最后，上架员每完成一个托盘货物的入库，扫描一次对应的货位标签，直至32板货物全部正常入库。入库存储示意如图4-2-8所示。

图4-2-8　入库存储示意

3. 海关收货确认

表4-2-6

海关收货确认单

单证编号	31052021391011295			单证类型	跨境贸易出区申请
企业编号	330246××××			企业名称	长风跨境电子商务有限公司
备注	港口直通1				
录入人	李××（310B00001）			录入时间	2021年10月31日 18:54:00
数据状态	正常				
审批记录	首次备案				
	环节名称	审批人	内容		
	自动审批	计算机	自动审批通过		

商品名称	商品规格	商品编码	商品货号	数量	净重	状态
诺优能2段奶粉	零售包装800g/罐	8781176017S2	31051662230000I234	3000罐	2400kg	正式
诺优能4段奶粉	零售包装850g/罐	8781176010A4	3105166223000o1256	1500罐	1275kg	正式

表4-2-6是海关收货确认单，订单员将该单据提交至宁波跨境贸易电子商务服务平台。

步骤四：出库申报。

长风国际商城传送订单信息后，宁波跨境贸易电子商务服务平台进行"三单"对碰规则校验，对碰无异常的话，保税仓可以进行出库申报。

步骤五：分拣。

订单员下达商品分拣指令，并将该笔订单对应的拣货单、装箱单、快递面单打印出来，打印场景如图4-2-9所示。

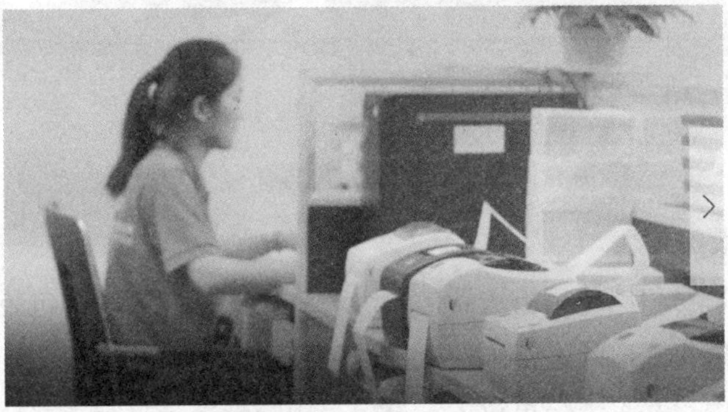

图4-2-9 打印场景

拣货员到订单员处领取拣货单、装箱单和快递面单，开始商品分拣操作，商品分拣如图4-2-10所示，商品复核如图4-2-11所示。

首先，拣货员手持拣货单，根据拣货单上指定路径在拣货区拿取四罐诺优能4段奶粉和两罐诺优能2段奶粉，放入装箱单指定的周转箱后，直接推到复核区。其次，复核员在复核台扫描快递面单条码，并逐件复核商品信息，确保手上的商品与快递面单上的出库商品信息一致。复核无误后，将商品推到包装区。

图4-2-10 商品分拣

图 4-2-11　商品复核

步骤六：包装贴单。

分拣完成的货物和周转箱被送到包装区。首先，打包员根据包装规范，拿出相应规格的气柱袋，给每罐商品进行内层保护性包装；其次，打包员将打好内包装的商品依次放入包装箱中，并将装箱单放入；最后，用胶带进行封箱，并粘贴快递面单。放入装箱单、包裹封箱、粘贴快递面单如图4-2-12、图4-2-13、图4-2-14所示。

图4-2-12　放入装箱单

图 4-2-13　包裹封箱

图 4-2-14　粘贴快递面单

　　打包完毕的包裹会被放到包裹处理中心的流水线上自动称重，流水线系统会根据称重结果对包裹进行分流：一是称重异常包裹的分流，二是海关布控查验包裹的分流，三是正常放行包裹的分流。包裹分流如图 4-2-15 所示。

图 4-2-15　包裹分流

步骤七：海关查验。

按照规定，海关要按照一定的查验比例对申报出区的个人包裹进行符合性检查。被海关查验的包裹随即从流水线分流至海关查验区，海关X光机查验包裹如图 4-2-16 所示。通过X光机传输过来的图像，工作人员即可分辨出内装物品是否超过邮包限值、是否已达征税标准，以及是否有可疑违禁物品。海关X光机传输过来的图像如图 4-2-17 所示。

图 4-2-16　海关X光机查验包裹

图 4-2-17　海关 X 光机传输过来的图像

⚡ 学习提示

　　海关并非将所有出库包裹都拉到海关的作业场地进行查验，而是可以在处理中心的包裹分拣和传输过程同步完成查验。该处理中心其实属于保税仓场地，被称为操作区，由海关和检验检疫等部门工作人员在此联合办公。

　　如遇到可疑或应进一步办理海关手续的包裹，监管工作人员会点击"下线"，包裹便从传输带上分拣下来，等待进一步人工拆封或转入通关等待申报环节，海关查验包裹上面单的内容如图 4-2-18 所示。

图 4-2-18　海关查验包裹上面单的内容

凡经海关开箱查验过的包裹都会放入开箱查验告知单，并会贴有海关重封的贴条。

被海关布控查验的包裹完成查验程序放行后，会重新回到正常放行的分拣线上，被运送至快递公司的操作区。

步骤八：快递交接。

出库后的包裹通过分拣传送带，运送至快递公司的操作区进行分拣、贴单以及分区操作。快递公司工作人员根据订单信息将快递包裹细分到各区以及所属片区的物流台车中，快递交接如图4-2-19所示。最终，这一件件包裹会经由国内快递公司，运往全国各地，最终派送至客户手中。

图4-2-19　快递交接

🏅 评价反馈

学生学习评价考核

课程			姓名		学号		
任务名称			保税仓入库、出库				
序号	评价内容	考核标准	参考分值	学生自评分值	小组互评分值	教师评价分值	最终考核分值
1	学习能力	了解跨境电商保税进口模式； 能执行保税仓入库操作； 能执行保税仓出库操作	20				

序号	评价内容	考核标准	参考分值	学生自评分值	小组互评分值	教师评价分值	最终考核分值
2	任务实施情况	能执行收货入库、质检理货、实际入库操作；能执行出库申报、分拣、包装贴单、海关查验、快递交接操作	30				
3	学习态度	态度端正，没有无故缺勤、迟到、早退现象	20				
4	学习质量	能按流程规范及操作要求完成学习任务	10				
5	团队合作能力	能与小组成员合作交流、协调工作	20				
	总分		100				

任务三　保税仓报关操作

学习目标

通过本任务的学习，你可以达到以下目标。

1.了解保税货物。

2.掌握跨境电商保税仓经营模式的参与主体。

3.了解国际保税制度。

任务导入

长风跨境电商是一家适用海关 B 类管理的企业。在2020年3月，该公司与一家德国客商签订了进口原材料的合同，其中包括主料硅片（非限制类商品）。根据合同约定，公司将加工成品内销的比例定为30%，外销的比例定为70%。原材料将于4月底交付。随后，在6月，长风跨境电商与境外商人订立了集成电路块出口合同，交货期定于10月底。到9月底，所有产品已经储存和运输完毕。当小李接到报关任务后，他按照一般进出口货物的准备程序进行报关。然而，部门经理提醒小李，部分货物属于保税货物，因此不能按照一般进出口货物的报关程序进行申报。

知识准备

一、保税货物

（一）保税加工货物

保税加工货物是指经海关批准未办理纳税手续进境，在境内加工、装配后复运出境的货物。

保税加工货物通常被称为加工贸易保税货物。加工贸易保税货物不完全等同于加工贸易货物，加工贸易货物只有经过海关批准才能保税进口，即经海关批准予以保税进口的加工贸易货物才是加工贸易保税货物。

（二）保税物流货物

保税物流货物是指经海关批准未办理纳税手续进境，在境内进行分拨、配送或储存后复运出境的货物，也称保税仓储货物。

已办结海关出口手续尚未离境，经海关批准存放在海关保税监管场所或特殊监管区域的货物，带有保税物流货物的性质。

引导问题：经常海淘的朋友肯定都听过保税仓，但并不是每位朋友都真正了解保税仓报关操作，你知道保税仓的货物在海关监管下如何进行报关吗？

_____

_____

_____

_____

二、跨境电商保税仓经营模式的参与主体

（一）电商企业（商家）

跨境电商保税仓经营模式中的电商企业（商家），由商品货权所有人和代理人组成。商品货权所有人指的是向境内客户销售商品的境外企业；代理人指的是接受此境外企业（依照跨境电商政策和监管要求）委托在海关进行企业备案等手续的境内企业，代理人并不局限于品牌给予销售授权的代理商，也可以是销售商品的境内经营者。

（二）电商平台

电商平台指的是为客户和电商企业提供网页空间（虚拟经营场所），以及提供制定交易规则、交易撮合、信息发布等服务，设立供交易双方独立开展交易活动的信息网络系统的经营平台。以入驻第三方平台形式运营跨境电商保税仓经营模式的商家需要提前与第三方平台核实与该平台对接的支付企业和快递企业是否已在该保税区进行企业备案，否则可能面临传输数据不合规等问题。

（三）支付企业

支付企业即为客户提供付款工具的企业。跨境电商保税仓经营模式中，支付企业需生成支付单并推送到海关系统，进行申报操作，对接相应的API（应用程序接口）。客户下单付款后，会由电商平台的后台系统向支付企业发送指令，支付企业生成支付单并推送到海关系统。

支付企业除了为客户提供付款工具，也可以帮助电商平台与入驻商家进行资金清算，降低二次清算风险，在提高效率、保障合规方面有很大的帮助。

（四）保税仓

与一般仓库的经营主体不同，保税仓的经营主体在保税区围网内（境内关外）受海关监管，有专门的账册。货物的跨账册移动、跨仓移动、跨保税区移动、入区/出区、数目增减等，都需要向海关申请，得到批准后方能操作。

当前大多保税仓配有WMS（仓储管理系统），可与商家和电商平台进行API对接，实现预打包、库内调拨、组包、贴标签、精准发货、残次品管理、库存共享等需求。

（五）海关部门与商检部门

海关部门与商检部门是跨境电商清关过程中的监管部门，会根据跨境电商政策细节的调整来指导电商企业和电商平台完善风控体系、减少恶性竞争等。

（六）国内快递企业

因跨境电商保税仓经营模式中的大部分商品需要通过国内快递寄送到收件人手中，因此，跨境电商保税仓经营模式中的国内快递企业通常与保税仓或电商平台签约并进行API对接，接到订单信息后反馈物流单号给保税仓或电商平台，同时也会生成物流单并推送到海关系统。在保税区清关和保税仓分拣打包完成后，国内快递企业会到保税仓收货，然后经由配送中心和各快递站点派送给收件人。

（七）第三方清关平台

第三方清关平台即海关单一窗口，海关单一窗口整合了各管理部门内部系统，形成一套统一的申报接口。第三方清关平台集齐三单信息后，自动生成清单供有报关报检资质的企业进行申报。清单经海关部门与商检部门审核后，若无异常，则放行进入终端配送环节。

（八）客户

客户指的是订购人，是电商企业和电商平台的境内终端客户（不允许以二次销售为目的购买），也是跨境电商消费额度的扣减主体，还是跨境电商综合税的纳税义务人（通常由电商企业或电商平台为客户担保并代缴）。

通常电商平台会要求订购人在平台进行注册，并校验其身份（有的平台在注册时即要求提交真实姓名和身份证号码，有的则在客户下单时要求提交），而在跨境电商保税仓经营模式中，身份信息未经国家主管部门或其授权的机构认证的，订购人与支付人应当为同一人。

学习提示

具有代表性的国际保税制度有海关保税储存制度、暂准进口货物在国内加工的制度。

1. 海关保税储存制度

这项制度是指进口货物在海关监管下储存于指定场所，并无须缴纳进口税的一种海关制度。这种保税储存形式为进口货物能在不需要缴纳进口税状态下长期储存提供了便利，使电商企业（商家）有充足的时间在国内或国外推销货物。

我国海关规定，货物可以以寄售、维修、免税销售、转口、结转加工等为目的临时进口，存放于经海关注册登记的保税仓，再根据经营需要将货物提离仓库，实际用于上述目的。如果在储存期内无法实现上述目的，货物将复运出境，或经办理进口手续后转为内销。

2. 暂准进口货物在国内加工的制度

这项制度是指准许某些货物有条件地暂时豁免进口税进入关境的一种海关制度。这些货物应是以某一特定目的进口的，并在规定的时间内以进口时的原状或经特定制造、加工或修理后复运出口。这种制度对货物为特定目的而暂时进入境内使用或加工制造提供了便利。

在这一制度下，货物进口目的虽有不同，但原则上都要复运出口，可以原状复运出口或以加工制造后的产品复运出口。申请实施这一海关制度通常需要有所担保，并受到海关某种形式的监管。可见，这一制度提供了一种超出单纯国际商品贸易，使保税制度由储存扩展为使用或加工制造，为世界各国充分利用本国资金、技术、劳动力资源提供便利，发展国际加工贸易的海关保税形式。

任务实施

步骤一：办理主料进口报关手续。

（1）货物到港后，按企业进出口合同规定的内外销比例将货物拆成两部分预录入报关。30%内销部分填写白色报关单，贸易方式按一般贸易填写，提供发票、装箱单和提货单；70%外销部分填写粉红色报关单，贸易方式按进料加工填写，提供登记手册、发票、装货单、提货单。

（2）北京海关发出现场交单的指令后，小李将所有单证交给海关。

（3）需海关查验的货物，小李需要陪同查验，同时应负责货物搬移、开拆包装、重封包装等事宜。

（4）取得税款缴款书后到海关指定的银行付税。

（5）税费核注后，到北京海关取得海关签发、加盖放行章的提货单。

（6）凭此提货单到码头提取货物。

步骤二：办理成品出口报关手续。

货物备好后，小李到国家外汇管理局北京市分局领取出口收汇核销单，然后填制并打印出口报关单，备好其他资料到海关申报，海关查验后放行。

评价反馈

学生学习评价考核

课程		姓名		学号	
任务名称		保税仓报关操作			

序号	评价内容	考核标准	参考分值	学生自评分值	小组互评分值	教师评价分值	最终考核分值
1	学习能力	了解保税货物；掌握跨境电商保税仓经营模式的参与主体；了解国际保税制度	20				
2	任务实施情况	能够完成跨境电商进口商品报关操作	30				
3	学习态度	态度端正，没有无故缺勤、迟到、早退现象	20				
4	学习质量	能按流程规范及操作要求完成学习任务	10				
5	团队合作能力	能与小组成员合作交流、协调工作	20				
总分			100				

任务四　跨境电商出口退税

学习目标

通过本任务的学习，你可以达到以下目标。

1. 了解出口退税的内涵及由来。

2. 掌握跨境电商出口退税的办理流程和申请条件。

3. 理解跨境电商出口退税的相关政策。

任务导入

长风跨境电商（符合退税条件）在2月为境外客户购进一批服装，当月取得增值税专用发票，计税价格为15000元，进项税额为2550元，并在当月全部报关出口已收汇，其离岸价折合人民币为18000元。增值税应退税额、结转成本额的计算公式如下。

增值税应退税额=增值税退（免）税计税价格 × 出口货物退税率。

结转成本额=增值税退（免）税计税价格 ×（出口货物退税率–征税率）。

根据上述条件，小李需要处理出口退税工作。

知识准备

一、出口退税的内涵及由来

出口退税最早可追溯到15世纪资本主义发展的初期，在资本原始积累时期，重商主义者就提出，国家应设置高额奖金或实行其他鼓励措施以促进本国商品输出国外，换回黄金，对本国商品的出口予以补贴，当商品出口后，把原来征收的税退给出口厂商，以促进出口。随着对外贸易范围的扩大，逐步形成出口退税制度，第二次世界大战后，出口退税制度不仅在发达国家，还在发展中国家得到了广泛实施，现在已经成为世界上大多数国家的通行做法。

出口退税是将出口货物在国内生产、流通环节缴纳的增值税、消费税，在货物报关出口后退还给出口企业的一种税收管理制度。出口退税是一国政府对出口货物采取的一项免征或退还国内间接税的税收政策。

出口退税作为一种政策，并不是一个税收学概念，它既不完全从属于国家税收范畴，也不完全从属于国际税收范畴。它从诞生的那天起就与跨国经济贸易紧密地联系在一起，作为一种国际宏观经济政策出现，后来被各国所认同，逐渐发展成一种国际惯例，是一种没有权力保障基础的国际制度。

二、跨境电商出口退税的办理流程

通常，跨境电商出口退税的办理流程如下。

1.有关证件的送验及出口企业退税登记表的领取

企业在取得有关部门批准其经营出口产品业务的文件和工商行政管理部门核发的工商登记证明后，应于30日内办理出口企业退税登记。办理出口退税的首要任务是将有关证件送验并领取出口企业退税登记表。

2.退税登记的申报和受理

企业领到出口企业退税登记表后，即按出口企业退税登记表及有关要求填写，加盖企业公章和有关人员印章后，连同出口产品经营权批准文件、工商登记证明等证明资料一起报送税务机关，税务机关审核无误后，即受理登记。

3.核发出口企业退税登记证

税务机关接到企业的正式申请，经审核无误并按规定的程序批准后，给企业核发出口企业退税登记证。

4.出口退税登记的变更或注销

当企业经营状况发生变化或某些退税政策发生变动时，企业应根据实际需要变更或注销退税登记。

引导问题1：近几年，大型口岸陆续开通跨境电商退税业务，你知道跨境电商出口退税的申请条件吗？

_____

_____

_____

引导问题2：随着我国跨境电商的迅速发展，跨境电商进出口业务的税收问题也倍受关注。为了防止跨境电商进出口业务游离在税收征管体系之外，从税收公平原则出发，国家制定了相关政策，你了解吗？

_____

_____

⚡ 学习提示

跨境电商出口退税所需资料如下。

1. 出口货物报关单

2018年4月，海关总署发布《关于全面取消打印出口货物报关单证明联（出口退税专用）的公告》（2018年第26号），全面取消打印出口货物报关单证明联（出口退税专用）。对2018年4月10日（含）以后实施启运港退税政策的出口货物，海关不再签发纸质出口货物报关单证明联（出口退税专用）。这也就意味着跨境电子商务零售业务出口货物报关单实现了全面的电子化管理，企业办理出口退税时无须再提供纸质报关单。

以往，B2C业务主要销售给境外个人，往往额度小、单数多，物流上采取邮政小包、快件的方式，此种方式下多按照行邮物品报关，是无法取得出口货物报关单的，也就无法办理出口退税。2016年4月，海关总署发布《关于跨境电子商务零售进出口商品有关监管事宜的公告》（海关总署公告2016年第26号），其中"通关管理"部分规定跨境电子商务零售出口商品申报前，电子商务企业或其代理人、物流企业应当分别通过服务平台如实向海关传输交易、收款、物流等电子信息。电子商务企业或其代理人应提交《中华人民共和国海关跨境电子商务零售进出口商品申报清单》（以下简称《申报清单》），出口采取"清单核放、汇总申报"方式办理报关手续，进口采取"清单核放"方式办理报关手续。《申报清单》与《中华人民共和国海关进（出）口货物报关单》具有同等法律效力。

至此，跨境电商出口企业可以凭借《申报清单》办理出口退税，从而解决了无法取得出口货物报关单的问题。

2. 增值税专用发票

按照《关于跨境电子商务零售出口税收政策的通知》（财税[2013]96号）的规定，电子商务出口企业出口货物（财政部、国家税务总局明确不予出口退（免）税或免税的货物除外，下同），同时电子商务出口企业属于增值税一般纳税人并已向主管税务机关办理出口退（免）税资格认定的，适用增值税、消费税退（免）税政策；电子商务出口企业出口货物，同时购进出口货物取得合法有效的进货凭证的，适用增值税、消费税免税政策。

此外，由于出口退税巨大的利润空间，部分骗税分子相互串通勾结，开具虚假的增值税专用发票用于骗取出口退税，如果跨境电商企业购进出口货物不慎取得了虚开的增值税专用发票，往往面临着无法退税并视同内销征税的风险。

任务实施

步骤一：出口退税预申报。

根据规定，3月初，小李将上月做账的18000元外销收入填报在增值税纳税申报表的"免税货物销售额"栏进行纳税申报。同时，凭收齐的单证（凭证）向主管税务机关进行出口退税预申报，却发现没有相关的电子信息，无法实现退税。

步骤二：出口退税正式申报。

4月，小李收到电子信息后，向主管税务机关进行了出口退税正式申报。

步骤三：计算退税额。

已知服装计税价格为15000元，出口货物退税率为17%，征税率为16%，服装增值税应退税额和结转成本额如下。

服装增值税应退税额 = 15000 × 17%=2550（元）。

结转成本额 = 15000 × （17%–16%）=150（元）。

评价反馈

学生学习评价考核

课程			姓名		学号	
任务名称		跨境电商出口退税				
序号	评价内容	考核标准	参考分值	学生自评分值	小组互评分值	教师评价分值	最终考核分值
1	学习能力	了解出口退税的内涵及由来；掌握跨境电商出口退税的办理流程和申请条件；理解跨境电商出口退税的相关政策	20				
2	任务实施情况	能办理跨境电商出口退税业务	30				
3	学习态度	态度端正，没有无故缺勤、迟到、早退现象	20				
4	学习质量	能按流程规范及操作要求完成学习任务	10				
5	团队合作能力	能与小组成员合作交流、协调工作	20				
总分			100				

任务五 自由贸易试验区认知

学习目标

通过本任务的学习，你可以达到以下目标。

1.了解自由贸易试验区的成立。

2.熟悉我国物流标准化情况。

任务导入

随着长风跨境电商海外业务的增多，为满足业务增长及规模扩大的需要，公司注册入驻了上海自由贸易试验区，同时招聘了6名新员工。

新员工主要负责自由贸易试验区仓库的日常管理，在工作中会与自由贸易试验区的公安、消防等部门不断接触。因此，新员工需要对自由贸易试验区有所了解。同时，当保税仓出现任何问题时，他们需要及时预判或做出反应。

为了让新员工快速投入工作，保税区仓储主管决定为新入职的员工统一安排关于自由贸易试验区的培训。培训课程由仓储组组长担任讲师，考虑此次课程的目标是普及自由贸易试验区的知识，所以仓储组组长查阅了相关资料，准备从自由贸易试验区的成立和物流标准化的角度进行介绍。

知识准备

一、自由贸易试验区的成立

（一）成立背景

加快实施自由贸易试验区战略，是我国适应经济全球化、实现对外战略目标的重要手段，也是我国开放型经济新体制的重要构件，有其深刻的国际背景和国内背景。

1.国际背景

从全球角度看，我国发展自由贸易试验区是对国际区域经济一体化发展趋势的顺势之举。当今世界，经济全球化深入发展的总趋势没有改变。受种种因素影响，多边贸易体制发展坎坷，贸易投资保护主义升温，经济贸易摩擦政治化倾向日益突出。同时，区域经济合作蓬勃发展，各类自由贸易协定大量涌现，成为经济全球化的重要动力。特别是2015年年底跨太平洋伙伴关系协定（TPP）谈判落定以及跨大西洋贸易与投资伙伴关系协定（TTIP）谈判加速，这些协定的成熟更对经济全球化的走向产生深远影响。特别是TPP、TTIP、国际服务贸易协定（TISA）等一系列双边、区域、诸边贸易投资协定，体现了未来贸易投资规则向"高标准"推进的发展方向迈进，这在客观上迫使我国加快对外自由贸易的合作与实践，我国建设自由贸易试验区形势紧迫。我国建立自由贸易试验区，表明我国推行自由贸易区战略，并制定立足周边的自由贸易区战略原则，积极参与亚洲的区域经济一体化进程。与欧美区域相比，亚洲区域经济合作在20世纪90年代之前并无太大成效。但1997年亚洲金融危机之后，随着国际和地区局势的变化，亚洲各国逐渐认识到地区合作的重要性，并逐渐重视和推进区域经济一体化。WTO（世界贸易组织）统计资料显示，亚洲地区是近十年来区域贸易协定的主要地区，其主要经济体都先后签署并实施了不少区域贸易协定，其中，日本、新加坡及印度所签署并生效的区域贸易协定均达到10个以上。

2.国内背景

从国内角度看，开展区域经济合作，与贸易伙伴建立自由贸易试验区，是我国加入WTO后多渠道减少贸易摩擦、深化并扩大对外开放的一个重要举措。建立自由贸易试验区，是我国全面深化改革、构建开放型经济新体制的必然选择，可以充分发挥自由贸易试验区对贸易投资的促进作用，更好地帮助我国企业开拓国际市场，为我国经济发展注入新动力、增添新活力、拓展新空间。建立自由贸易试验区，也是我国积极参与国际经贸规则制定、争取全球经济治理制度性权力的重要平台，不但可以增强我国国际竞争力，而且可以在国际规则制定中发出更多中国声音、注入更多中国元素，进而维护和拓展我国发展利益。

📱 扫一扫

请同学们扫描右侧二维码，观看视频。

（二）成立动因

我国发展自由贸易试验区的动因如下。

1.贸易效应与福利效应

自由贸易试验区内大部分商品取消关税，商品流动更自由、更便利，促进双边贸易显著增长；自由贸易试验区内形成统一市场，消费者可以购买更廉价的进口商品，增加消费者的选择，减少消费者的开支，进而促进自由贸易试验区所涉主体整体福利水平的提高。

2.市场效应

我国对外出口市场主要依赖传统发达国家市场，和以中国香港、东盟地区为代表的亚洲市场，建立双边自由贸易试验区逐步进行对外贸易市场多元化的结构性调整，有助于缓和贸易摩擦，减少贸易不平衡。

3.产业效应

建立自由贸易试验区，有助于增强贸易伙伴国之间的产业分工和合作，令资源配置更加合理，贸易伙伴国之间更具经济互补性，加强技术引进，提高产业竞争力。

学习提示

在新的形势下，以自由贸易试验区建设为突破口的开放型经济快速发展。2013年9月，上海自由贸易试验区正式挂牌成立。2014年年底，李克强同志主持召开国务院常务会议，决定在广东、天津、福建特定区域再设三个自由贸易试验区，自由贸易试验区建设进入新的阶段。2015年3月，中央政治局召开会议，审议通过广东、天津、福建自由贸易试验区总体方案，进一步深化上海自由贸易试验区改革开放方案。会议指出，推进自由贸易试验区建设，是我国经济发展进入新常态的形势下，为全面深化改革、扩大开放探索新途径、积累新经验而采取的重大举措。随着全国自由贸易试验区建设的铺开，自由贸易试验区各项功能更加完善，自由贸易试验区网络逐步形成，自由贸易试验区在物流领域的探索和尝试初显成效，我国物流业将迎来重大机遇。

引导问题1：国务院印发了《中国（辽宁）自由贸易试验区总体方案》《中国（浙江）自由贸易试验区总体方案》《中国（河南）自由贸易试验区总体方案》《中国（湖北）自由贸易试验区总体方案》《中国（重庆）自由贸易试验区总体方案》《中国（四川）自由贸易试验区总体方案》《中国（陕西）自由贸易试验区总体方案》。你知道这些文件对各省（市）自由贸易试验区的物流发展有何规划吗？

_____

_____

_____

_____

二、物流标准化

自由贸易试验区的建立与发展离不开物流标准化。物流标准化是指在采购、运输、包装、装卸、搬运、仓储、流通加工、配送及信息管理等环节中，对重复性事物和概念通过制定、发布和实施各类标准，达到协调统一，以获得最佳秩序和社会经济效益。物流标准化一般包括三个方面的含义：第一，从物流系统角度出发，制定各个子系统的设施、设备、专用工具等的技术标准，以及业务工作或业务操作的标准；第二，研究各子系统技术标准和业务工作标准的配合性，按配合的要求，统一整个物流系统标准；第三，研究物流系统与其他相关系统的配合性，谋求物流大系统的标准统一。

引导问题2：请利用互联网查阅资料，了解我国物流标准化现状，分析我国物流标准化目前存在的问题，并提出建设性的对策。

任务实施

步骤一：了解自由贸易试验区建立的深层背景。

对于我国来说，建立自由贸易试验区是良久之策。基于国际舞台，我国建立自由贸易试验区的深层背景是多方面的。

1.金融实力与贸易实力不匹配

近年来，国与国之间的产业分工从原来的基于各国资源禀赋状况以及比较优势的水平分工，逐渐演变为以跨国企业为中心、基于价值链的生产环节的垂直分工，在国与国之间或者地区与地区之间，通过供应链连接的贸易规模日趋增大。

我国是全球第一贸易大国，但目前我国的贸易结算和其他贸易过程中的金融服务多为美元结算。金融实力的匮乏，让我国在国际舞台上经济发展的阻力增大，因此，必须建立自由贸易试验区改变这一局面，提高我国在金融领域的地位。

2.国际规则重构

目前，国际规则的谈判成为主流，谈判的重点也从关境外转移到关境内，从关税问题转移到国内投资准入等规则。我国推行自由贸易试验区的目的之一就是参与国际投资规则和国际贸易规则的重构。在自由贸易试验区的基本制度框架中，与国际投资规则和国际贸易规则相衔接是最核心的要求。

步骤二：熟知自由贸易试验区基础知识。

1. 自由贸易试验区关税政策协调的内容。

（1）立即免税的商品范围不断扩大。每个新签订的FTA协定（自由贸易区协定）都会产生贸易转移，同时也会产生贸易创造，这些贸易创造可能会纠正先前FTA协定产生的贸易转移，为了尽可能利用新自由贸易试验区协定的这一功能，就需要协调各个FTA协定的条款。

（2）削减关税的过渡期逐步缩短。削减关税的过渡期逐步缩短也是为了利用新的自由贸易试验区协定来纠正先前FTA协定产生的贸易转移。

（3）单边降低关税和促进多边谈判。自由贸易试验区协定成员方的净收益直接取决于其外部贸易政策的姿态。与区域一体化相配合，成员方应采取一种开放性的外部政策。在高外部关税情况下，自由贸易试验区协定带来的相对价格差异会更大，从而引起更多的贸易转移。多边自由化能够消除贸易转移，并能带来最大的福利效应。因此，通过单边或多边贸易谈判降低外部关税，将进口转回更有效率的供应商，能够把贸易转移限制到最低限度。

2. 自由贸易试验区与综合保税区的区别

自由贸易试验区和综合保税区在货物监管上都存在"二线"的问题，综合保税区可以说是自由贸易试验区的前期形态，基于我国国情，两者在功能定位、管理体制、海关监管、企业权利、地理范围等方面有所不同。

（1）功能定位。自由贸易试验区的功能设定是根据区位条件和进出口贸易的流量确定的，并且随着国内外经济形势的发展而调整，各国自由贸易试验区的主要功能都不尽相同。自由贸易试验区的类型有转口集散型自由贸易试验区、贸工结合以贸易为主型自由贸易试验区、出口加工型自由贸易试验区、保税仓储型自由贸易试验区。

国内的综合保税区在功能定位上试图涵盖自由贸易试验区的全部功能，即以出口加工、转口贸易、保税仓储和国际贸易为主要功能。

（2）管理体制。自由贸易试验区多由设置国政府直接管理，区内管理机构代表国家行使管理权力，因而具有较高的权威性。综合保税区则缺乏全国性的法律来规范运作，由于没有全国性的统一法规，各地都先后"因地"甚至"因区"出台了地方性法规，综合保税区管委会作为地方政府的派出机构，代表地方政府管理综合保税区的行政事务，行政力仅限于当地综合保税区。

（3）海关监管。自由贸易试验区是"境内关外"的特殊区域，区内普遍实行"一线放开、二线管住"的货物监管模式，区内有较大的贸易自由度。综合保税区只是"海关监管特殊区域"，名义上号称"一线放开、二线管住"，其实仍是一线、二线同时管理，因而存在报关与报备同时出现的问题。问题表现在插手综合保税区的部门越来越多，对综合保税区的管理越来越严格，忽视了综合保税区是改革开放的超前试验区，简单地套用适用于非综合保税区的管理办法。

（4）企业权利。国际上将自由贸易试验区的区域特性认定为"境内关外"，在此区域注册的企业相应被认为在关境以外，并免予实施惯常的海关监管制度，企业及其雇员获得外汇结算、离岸金融、个人税收、签证等一系列优惠待遇。综合保税区却在很大程度上被当成"境内关内"的区域，沿用了之前对保税物流园区的监管政策。

（5）地理范围。自由贸易试验区一般与港口相连，实行紧密的港区一体化管理，以港口为载体开展转口贸易、出口加工、保税仓储、国际贸易等业务，区港合一必然会把保税区的政策和管理运用到港口运作上，这样，必然会提高港口的开放度和自由度，带动口岸产业的开发，例如港口作业、运输业、仓储业、国际贸易业、出口加工业、包装业和进出口金融业等口岸产业的发展。国内除了保税港区，一般的综合保税区临港而不含港，货物进出不流畅，管理程序烦琐，费用增加，经济难以活跃。

🏅 评价反馈

学生学习评价考核

课程			姓名		学号	
任务名称		自由贸易试验区认知				
序号	评价内容	考核标准	参考分值	学生自评分值	小组互评分值	教师评价分值	最终考核分值
1	学习能力	了解自由贸易试验区的成立；熟悉我国物流标准化情况	20				
2	任务实施情况	能够阐述自由贸易试验区的具体内容	30				
3	学习态度	态度端正，没有无故缺勤、迟到、早退现象	20				
4	学习质量	能按流程规范及操作要求完成学习任务	10				
5	团队合作能力	能与小组成员合作交流、协调工作	20				
总分			100				

项目五　跨境电商支付与结算

任务一　认识跨境电商支付与结算

学习目标

通过本任务的学习，你可以达到以下目标。

1.能描述跨境支付与结算的概念与特征。

2.了解传统跨境支付与结算方式。

3.熟悉跨境电商支付与结算方式。

任务导入

长风跨境电商母婴产品进口销售额在700万元左右，客户主要分布在欧洲、大洋洲。目前客户主要是通过传统的电汇方式付款采购，公司最近在阿里巴巴国际站上开店后，有些客户表示想通过线下PayPal付款采购。公司财务部负责人李刚经同学介绍，找到小高，说自己对传统跨境支付与结算方式比较熟悉，对新的跨境电商支付与结算方式不太了解，想让小高教他一下。

知识准备

一、跨境支付与结算的概念与特征

（一）概念

跨境支付与结算是指在国际经济活动中的当事人以一定的支付工具和方式，清偿因各种经济活动而产生的国际债权和债务，并产生资金转移兑换的行为。它通常是国际贸易中所发生的、由履行金钱给付义务当事人履行义务的一种行为。

（二）特征

跨境支付与结算伴随着商品进出口活动，具有以下特征。

（1）跨境支付与结算产生的原因是国际经济活动引起的债权与债务关系。

（2）跨境支付与结算的主体是国际经济活动中的当事人，收付双方处在不同的国家（地区）。

（3）跨境支付与结算必须采用收付双方都能接受的货币作为支付结算货币，收付双方处在不同的法律制度下，受到各自国家（地区）主权的限制。

（4）跨境支付与结算主要通过银行这一"中间人"进行支付与结算。

（5）跨境支付与结算一般采用不同于收付双方本国的货币作为支付与结算货币，在支付与结算过程中会有一定的汇兑风险。

扫一扫

请同学们扫描右侧二维码，阅读材料。

引导问题：查阅相关资料，思考传统支付方式与电子支付方式有何区别，将表5-1-1补充完整。

表5-1-1　　　　　　　传统支付方式与电子支付方式的区别

对比项目	传统支付	电子支付
支付技术		
系统平台		
通信手段		

二、跨境支付与结算方式

（一）传统跨境支付与结算方式

传统跨境支付与结算方式主要适用于B2B交易，典型的传统跨境支付与结算方式包括汇付、托收、信用证等方式。

1.汇付的种类

（1）电汇。电汇是汇出行应汇款人的申请，拍发加押电报或电传给在另一国家的分行或代理行（即汇入行）解付一定金额给收款人的一种汇款方式。

电汇方式的优点在于速度快，收款人可以迅速收到货款。随着现代通信技术的发展，银行与银行之间使用电传直接通信，快速准确。电汇是目前使用较为广泛的一种方式，但其费用较高。

（2）信汇。信汇是汇出行应汇款人的申请，用航空信函的形式，指示出口国汇入行解付一定金额的款项给收款人的汇款方式。信汇的优点是费用较低廉，但收款人收到汇款的时间较迟。

（3）票汇。票汇是指汇出行应汇款人的申请，代汇款人开立以其分行或代理行为解付行的银行即期汇票，支付一定金额给收款人的汇款方式。

票汇与电汇、信汇的不同之处在于，票汇的汇入行无须通知收款人取款，而由收款人持汇票登门取款，这种汇票如果没有限制流通的规定，经收款人背书，可以转让流通，而电汇、信汇的收款人则不能将收款权转让。

2.托收的种类

托收主要包括光票托收和跟单托收。

（1）光票托收指金融单据不附带商业单据的托收。

（2）跟单托收指金融单据附带商业单据或不用金融单据的商业单据的托收。跟单托收根据交单条件不同，可分为付款交单(D/P)和承兑交单(D/A)，付款交单又可分为即期付款交单和远期付款交单两种。

3.信用证的种类

信用证分为跟单信用证、光票信用证、保兑信用证、即期信用证、远期信用证、红条款信用证、议付信用证、背对背信用证、对开信用证、循环信用证等。

（二）跨境电商支付与结算方式

跨境电商支付与结算方式主要适用于B2B、B2C交易，典型的跨境电商支付与结算方式包括PayPal、WebMoney、支付宝跨境电商支付与结算、微信跨境电商支付与结算及其他国内平台的跨境电商支付与结算方式。

任务实施

如果是国内电商业务，支付与结算方式不外乎支付宝、财付通等，而且不用担心手续费、安全性、即时性等。但是把国内电商业务范围扩大至国际贸易业务和跨境电商业务，支付与结算方式一下就变得不那么简单了，需要考虑很多问题，不同的支付与结算方式差别很大，它们都有各自的优点、缺点、适用范围。

1.谈谈还有哪些跨境电商支付与结算方式，其优点、缺点是什么。

_____

_____

_____

2.利用互联网收集资料，谈谈你对跨境电商支付与结算发展现状的理解。

_____

_____

评价反馈

学生学习评价考核

课程			姓名		学号	
任务名称			认识跨境电商支付与结算			
序号	评价内容	考核标准	参考分值	学生自评分值	小组互评分值	教师评价分值	最终考核分值
1	学习能力	能描述跨境支付与结算的概念与特征；了解传统跨境支付与结算方式；熟悉跨境电商支付与结算方式	20				
2	任务实施情况	能阐述跨境电商支付与结算方式及其优点、缺点；能分析跨境电商支付与结算发展现状	30				
3	学习态度	态度端正，没有无故缺勤、迟到、早退现象	20				
4	学习质量	能按流程规范及操作要求完成学习任务	10				
5	团队合作能力	能与小组成员合作交流、协调工作	20				
		总分	100				

任务二　支付宝跨境电商支付与结算

学习目标

通过本任务的学习，你可以达到以下目标。

1.能描述支付宝国际支付平台的基本情况。

2.能掌握支付宝国际支付平台账户注册流程。

3.能完成支付宝国际汇款。

任务导入

在跨境电商活动中，交易双方地域上的跨度更大，信息获取和交易流程只能借助网络渠道，虚拟性更为明显，于是跨境电商的交易主体更加关注信用保障和支付安全等问题。独立的第三方互联网支付平台，往往具有很高的信誉，能够成为跨境电商交易的信用中介。同时，其安全便捷的线上支付功能满足了跨境电商的交易主体对支付安全的需要。因此，随着跨境电商的快速发展，第三方互联网支付平台也在不断布局海外业务，为跨境电商交易提供信用担保和线上支付支持，以抢占新的蓝海市场。

知识准备

一、支付宝国际支付平台

支付宝国际支付平台（Alipay）由阿里巴巴与支付宝联合开发，旨在保护国际在线交易中买卖双方的交易安全，提供第三方支付担保服务。其服务模式与支付宝国内支付平台类似，交易过程中先由买家将货款打到国际支付宝账户中，然后支付宝国际支付平台通知卖家发货，买家收到商品并确认无误后，支付宝国际支付平台便将货款放给卖家。

支付宝国际支付平台的特点如下。

（1）普惠易达的数字支付方式。支付宝国际支付平台在全球范围内与合作伙伴们分享技术，为用户提供数字支付和普惠金融服务。

（2）为买家提供简单、安全、便捷的购买和支付流程，极大地减少买家的流失，提高成交支付转化率。

（3）集转账、充值、金融、理财等产品于一体，方便人们的生活。

（4）国内各大银行及中国邮政速递物流、Visa公司（全球领先的数字支付公司）等与之建立战略合作关系。

二、支付宝国际支付平台账户注册

支付宝国际支付平台是支付宝为从事跨境交易的卖家建立的资金账户管理平台，具有收款、退款、提现等主要功能。支付宝国际支付平台账户是多币种账户，包含美元账户和人民币账户。支付宝国际支付平台账户注册流程如表5-2-1所示。

表5-2-1 支付宝国际支付平台账户注册流程

序号	操作要点	图示
1	访问支付宝国际支付平台，点击"Sign up now"	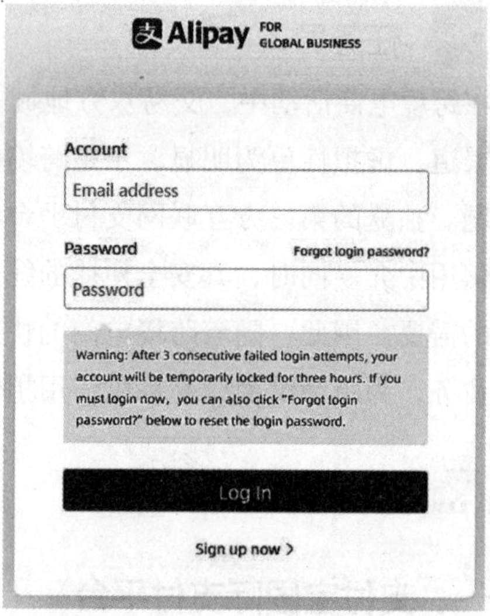
2	填写邮箱，点击"Send Code"，确认系统验证邮件中的验证码，该邮箱为支付宝国际支付平台账户登录名，请确保该邮箱真实有效并能收发邮件；设置并确认登录密码；勾选并同意支付宝服务协议；点击"Confirm"	

序号	操作要点	图示
3	注册成功后会跳转到登录界面，输入邮箱和登录密码，点击"Log In"即可登录	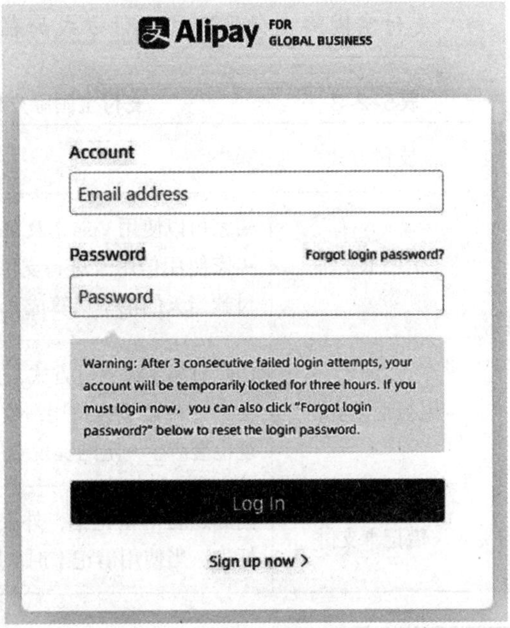

引导问题：查阅相关资料，请阐述支付宝国际支付平台与PayPal有何区别，将表5-2-2补充完整。

表5-2-2　　　　　　　　　支付宝国际支付平台与PayPal的区别

对比项目	支付宝国际支付平台	PayPal

学习提示

支付宝国际支付平台的支付方式如表5-2-3所示。

表5-2-3 支付宝国际支付平台的支付方式

支付方式	备注
信用卡支付	买家可以使用Visa卡及Mastercard（万事达卡）对订单进行支付，如果买家使用信用卡进行支付，订单完成后，平台会将订单款项按照买家付款当天的汇率结算成人民币支付给卖家
银行汇款支付	国际贸易主流支付方式，大额交易更方便。如果买家使用此方式支付，会产生转账手续费用，收到的金额可能会有一定出入。此外，银行提现也会产生一定的提现费用
借记卡支付	国际通行的借记卡，外表与信用卡一样，并于右下角印有国际支付的标志。当使用借记卡时，用户只能用账户里的余额进行支付

任务实施

王华的茶具目前有几个稳定的国外客户，一个巴基斯坦老客户下了一笔26000美元的茶具订单，客户收到货后，发现有190美元货值的茶具存在质量问题。鉴于是老客户，李刚决定退款190美元给老客户，客户发邮件告知李刚他的美国花旗银行卡号等收款信息。最后，通过支付宝国际汇款的方式，李刚向该巴基斯坦老客户退了190美元的货款，老客户更加信任李刚了。

请分析，王华是如何顺利实现支付宝国际汇款的，将表5-2-4补充完整。

表5-2-4　　支付宝国际汇款流程

步骤及操作要点	图示
	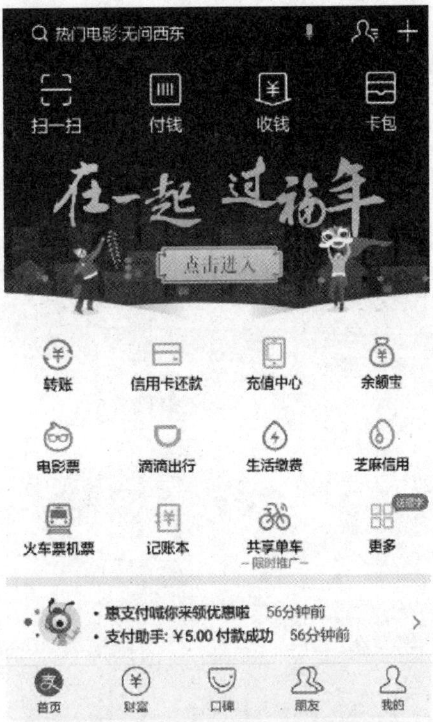
	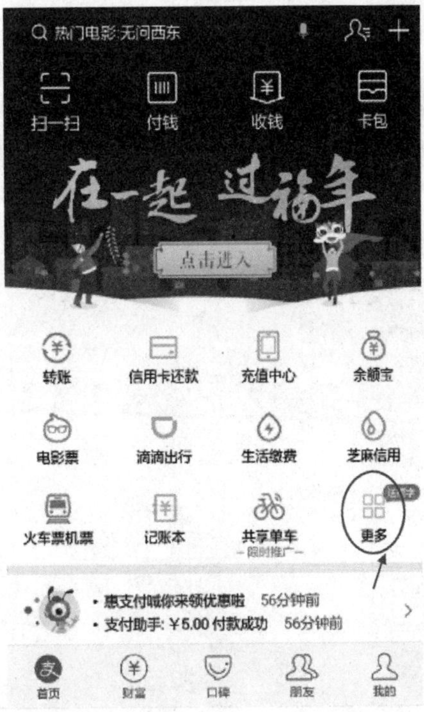

步骤及操作要点	图示

续　表

步骤及操作要点	图示
	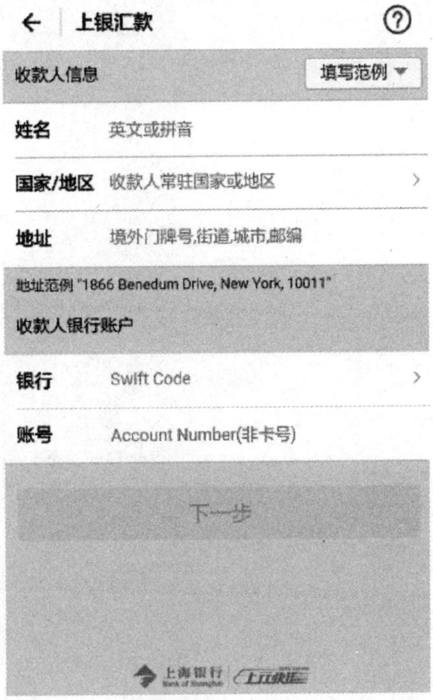
	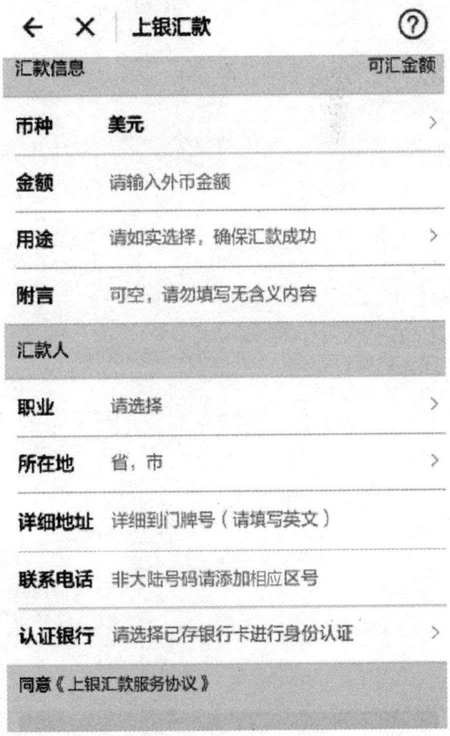

续　表

步骤及操作要点	图示
	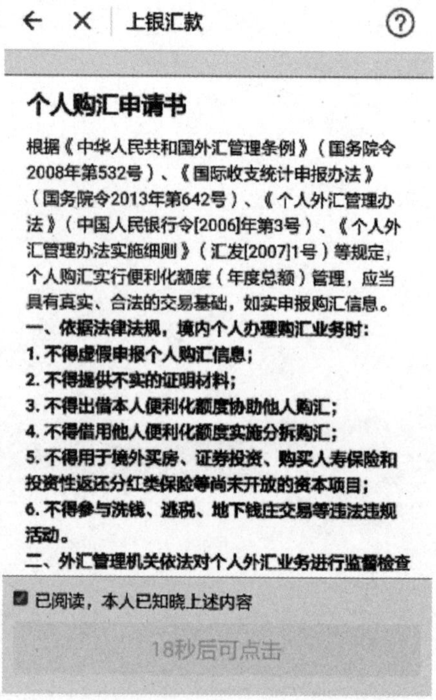
	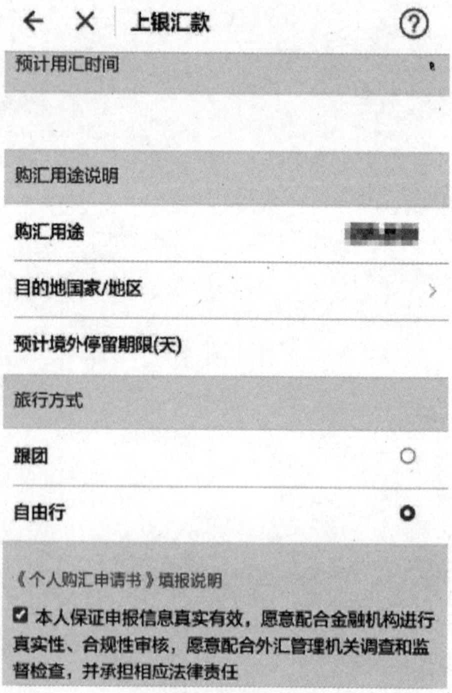

续 表

步骤及操作要点	图示
	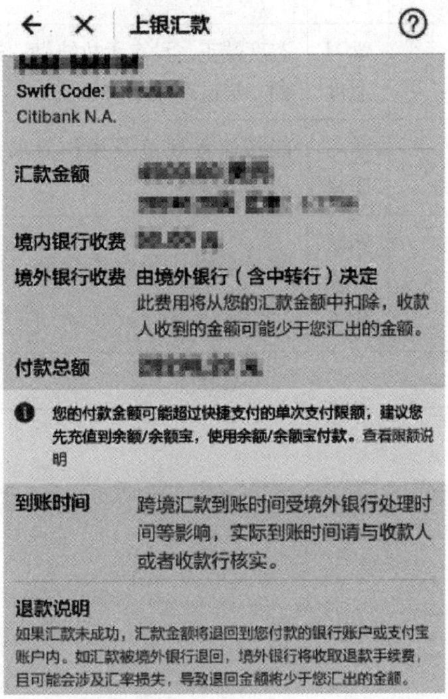

评价反馈

学生学习评价考核

课程			姓名		学号	
任务名称			支付宝跨境电商支付与结算			

序号	评价内容	考核标准	参考分值	学生自评分值	小组互评分值	教师评价分值	最终考核分值
1	学习能力	能描述支付宝国际支付平台的基本情况； 能掌握支付宝国际支付平台账户注册流程； 能完成支付宝国际汇款	20				
2	任务实施情况	能清楚地描述支付宝国际汇款流程	30				

序号	评价内容	考核标准	参考分值	学生自评分值	小组互评分值	教师评价分值	最终考核分值
3	学习态度	态度端正，没有无故缺勤、迟到、早退现象	20				
4	学习质量	能按流程规范及操作要求完成学习任务	10				
5	团队合作能力	能与小组成员合作交流、协调工作	20				
		总分	100				

任务三　微信跨境电商支付与结算

学习目标

通过本任务的学习，你可以达到以下目标。

1. 了解微信支付概况。

2. 能掌握微信支付账号申请流程。

3. 熟悉微信跨境电商支付与结算方式。

任务导入

因长风跨境电商今年业绩较好，公司计划寒假安排优秀员工去新加坡旅游，并告知员工提前到中国银行兑换新加坡元，考虑带太多现金不方便也不安全，于是让员工把中国银行卡中部分人民币充值到了微信钱包中。

请分析，微信钱包是如何方便、安全地在新加坡当地进行支付与结算的。

知识准备

一、微信支付概况

微信支付是腾讯集团旗下中国领先的第三方支付平台，一直致力于提供安全、便捷、专业的在线支付服务。以"微信支付，不止支付"为核心理念，为个人用户创造了多种便民服务和应用场景，为各类商家提供专业的资金结算解决方案。微信支付作为全球用户使用的支付工具和领先的移动支付平台，为消费者和商家提供智能高效的支付解决方案，尤其在跨境电商支付与结算方面，商家能够通过微信生态系统中的创新营销平台在售前、售中和售后与消费者建立联系，通过改善客户体验、利用营销资源增加流量，促进业务发展。

二、微信支付账号申请流程

微信支付账号申请流程如图5-3-1所示。

申请前

在申请微信支付账号前，请填写商家资料表，并发送至邮箱：
weixinpayglobal@tencent.com。商务人员会在收到商家资料后的7~15个工作
日内与您取得联系，取得联系后会辅助商家开展微信支付申请工作

提交申请

与商务人员沟通后，按照要求提交申请资料

资料审核

审核流程通常需要7~15个工作日，当您的申请通过以后，微信官方平台将
通过email下发您的微信支付账号信息

签署协议

资质审核通过后，会在线下进行签约

开通微信支付

签约完成后，开通微信支付账号的支付权限

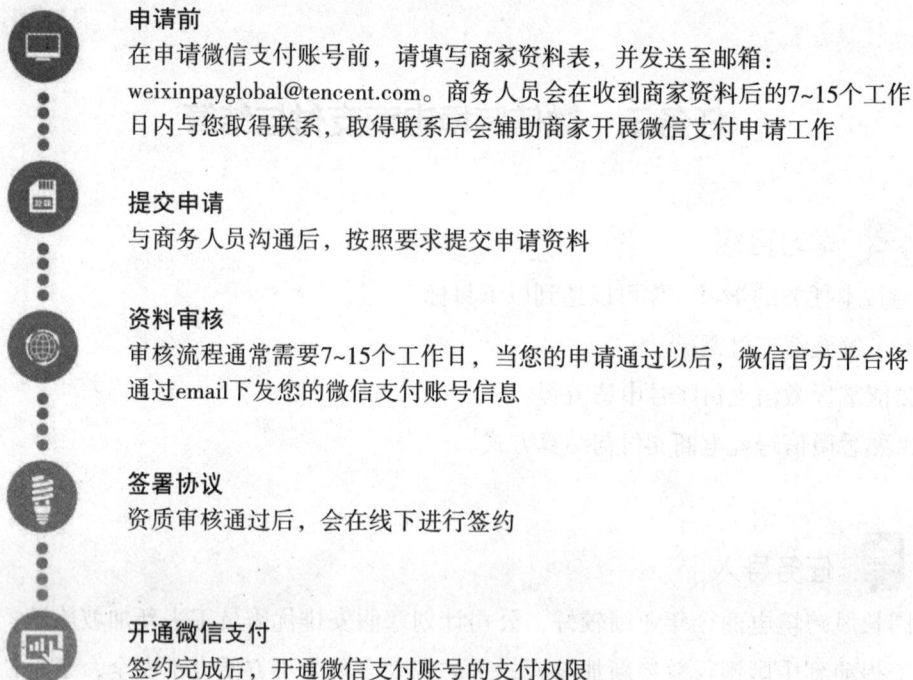

图5-3-1　微信支付账号申请流程

三、微信跨境电商支付与结算方式

微信支付向有出售商品或提供服务需求的商家提供一整套解决方案，对于跨境电商支付与结算，微信支付提供了付款码支付与结算、JSAPI支付与结算、小程序支付与结算、Native支付与结算、App支付与结算等多种方式。在交易完成后，微信支付会从消费者账户收取到的货款中，根据结算银行提供的即期汇率进行购汇。当清算资金达到5000美元等值其他外币后，系统会自动转账到商家的银行账户。此外，针对特定的客户群体，微信支付会根据他们的付款习惯来设置支付方式。

（1）付款码支付与结算。消费者展示微信钱包内的"付款码"给商家系统扫描后直接完成支付与结算，适用于线下场所面对面收银的场景，如商超、便利店、餐饮、医院、学校、电影院和旅游景区等具有明确经营地址的实体场所。

（2）JSAPI支付与结算。商家通过调用微信支付提供的JSAPI接口，在支付场景中调起微信支付模块完成收款。线下场所应用时，调用接口生成二维码，消费者扫描二维码后在微信浏览器中打开页面后完成支付与结算；公众号应用场景下，消费者在微信公众号内进入商家公众号，打开某个主页面，完成支付；网站应用场景下，消费者扫描网站中展示的二维码后在微信浏览器中打开页面后完成支付与结算。

（3）小程序支付与结算。商家通过调用微信支付小程序支付与结算接口，在微信小程序平台内实现支付与结算功能；消费者打开商家助手小程序下单，输入支付密码并完成支付与结算后，返回商家小程序。

（4）Native支付与结算。商家系统按微信支付协议生成支付二维码，消费者再用微信"扫一扫"完成支付与结算的模式。该模式适用于实体店订单、媒体广告支付等场景。

（5）App支付与结算。商家通过在移动端应用App中集成开放SDK（软件开发工具包）调起微信支付与结算模块来完成支付。

引导问题1：你知道微信支付有哪些境外合作方式吗？请列举出来。

_____

_____

_____

引导问题2：请根据图示流程，模拟微信跨境电商支付与结算操作，并填写表5-3-1。

表5-3-1　　　　　　　　　　微信跨境电商支付与结算操作

步骤及操作要点	图示

续 表

<table>
<tr><th>步骤及操作要点</th><th>图示</th></tr>
<tr><td></td><td>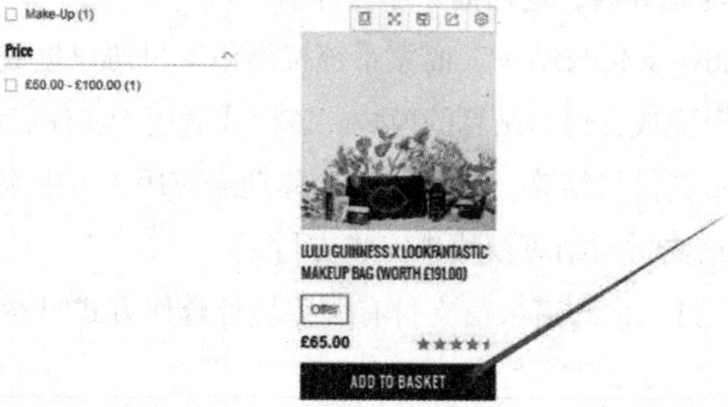
</td></tr>
<tr><td></td><td>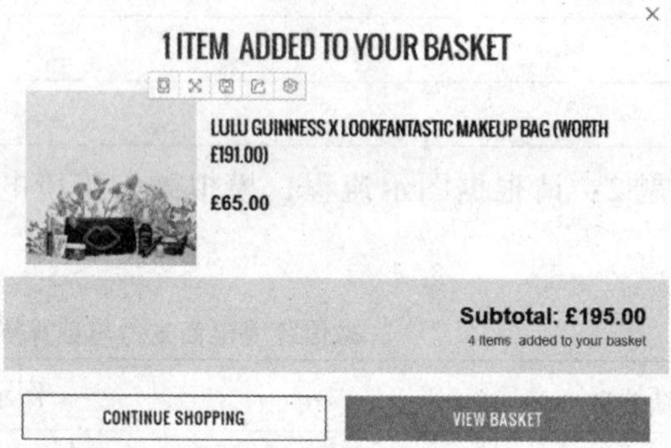
</td></tr>
<tr><td></td><td>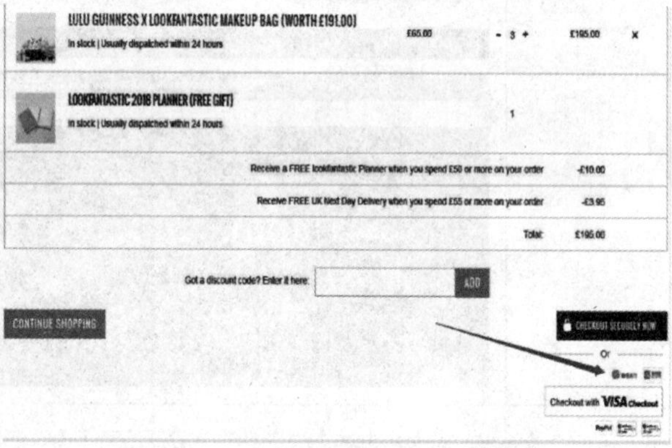
</td></tr>
<tr><td></td><td>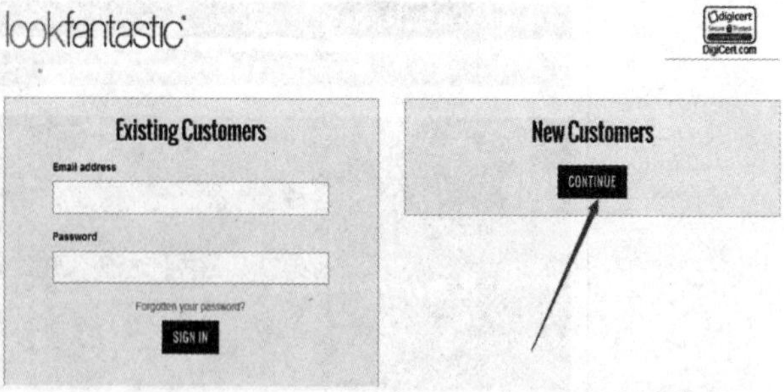
</td></tr>
</table>

续　表

步骤及操作要点	图示
	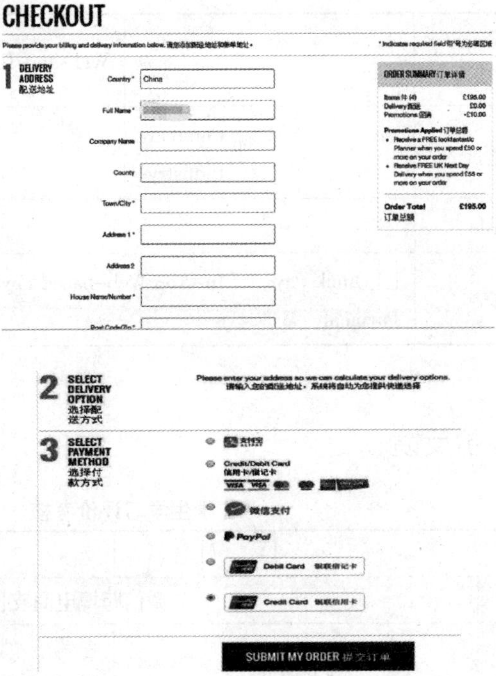

任务实施

请根据给定的资料，完成账户申请表的填写。

注册公司名称：长风跨境电子商务有限公司（Changfeng Cross-border Electronic Commerce Limited）

国家/地区：中国/北京（China/Beijing）

业务类型：网上零售

公司简介：长风跨境电子商务有限公司成立于2014年，创新性地打造"长风供应链""长风金服"以及"长风征信"三大优势平台。供应链平台通过产业和金融的结合，嵌入场景和交易，专注于产业链转型和升级。

表5-3-2　　　　　　　　　　　　账户申请表

Vendor Information Form

Please fill out the vendor information form and email weixinpayglobal@tencent.com before applying to the WeChat Pay service. We will reach out to you in 7~15 business days after receiving your application to assist you with the application process.

Registered Company Name			Website URL		
Country/Area		Company Industry		Business Type	
Company Profile					
Payment Type	☐ Quick Pay　☐ In-App Web-based Payment　☐ QR Code Payment　☐ In-App Payment				

评价反馈

学生学习评价考核

课程			姓名		学号	
任务名称			微信跨境电商支付与结算			

序号	评价内容	考核标准	参考分值	学生自评分值	小组互评分值	教师评价分值	最终考核分值
1	学习能力	了解微信支付概况； 能掌握微信支付账号申请流程； 熟悉微信跨境电商支付与结算方式	20				
2	任务实施情况	能根据给定的资料，完成账户申请表的填写； 能正确完成微信跨境电商支付与结算操作	30				
3	学习态度	态度端正，没有无故缺勤、迟到、早退现象	20				
4	学习质量	能按流程规范及操作要求完成学习任务	10				
5	团队合作能力	能与小组成员合作交流、协调工作	20				
总分			100				

任务四 其他国内平台的跨境电商支付与结算

学习目标

通过本任务的学习，你可以达到以下目标。

1. 了解 PingPong、易宝支付、一达通的概况。

2. 了解 PingPong、易宝支付、一达通的跨境支付与结算业务模式。

任务导入

小凌准备在亚马逊上开店，听说绑定 PingPong 账号收款，无入账费、管理费及其他隐性收费和汇损，只有提现收取 1% 手续费，所以他打算把店铺绑定 PingPong 账号进行收款。

请问，小凌如何才能绑定 PingPong 账号收款？

知识准备

一、PingPong

（一）PingPong 概况

杭州乒乓智能技术有限公司（简称 PingPong）成立于 2015 年，诞生于全球跨境电子交易蓬勃发展的浪潮中，是中国跨境行业的创新推动者。目前，PingPong 在全球设有超 30 个分支机构，业务覆盖超 200 个国家和地区，是全球最大的跨境贸易数字化服务商之一。

PingPong 致力于通过科技创新，携手更多生态合作伙伴，构建全球数字化运营服务网络，帮助跨境卖家和企业提升全球竞争力。

（二）PingPong 跨境支付与结算业务模式

以遍布全球的运营服务网络、主流国家（地区）支付牌照和合规资质为依托，PingPong 围绕跨境电商和外贸企业的综合需求，建立了涵盖跨境收款、外贸 B2B 收付款等多元化产品的矩阵，可为不同类型的客户提供合规、安全、便捷的一站式数字化服务。PingPong 跨境支付与结算业务模式目前主要帮助亚马逊、Wish、Newegg 等商家跨境收款、提现，后续还会跟更多平台合作。

（三）PingPong多账号平台收款注册流程

按"免费创建收款账号—企业实名安全认证—激活全球多平台收款"步骤操作，填写注册表格中的各个栏目，完成信息登记，并上传相关证件材料，完成实名安全认证。激活多账号平台收款，点击"下一步"，直至最后出现信息已提交，等待审核。PingPong多账号平台收款激活界面如图5-4-1所示。

等待1~3个工作日，如果申请通过，会收到PingPong平台发来的欢迎邮件以及美国银行收款账号。如果申请存在问题，PingPong客服会主动和客户联系，PingPong客服界面如图5-4-2所示。

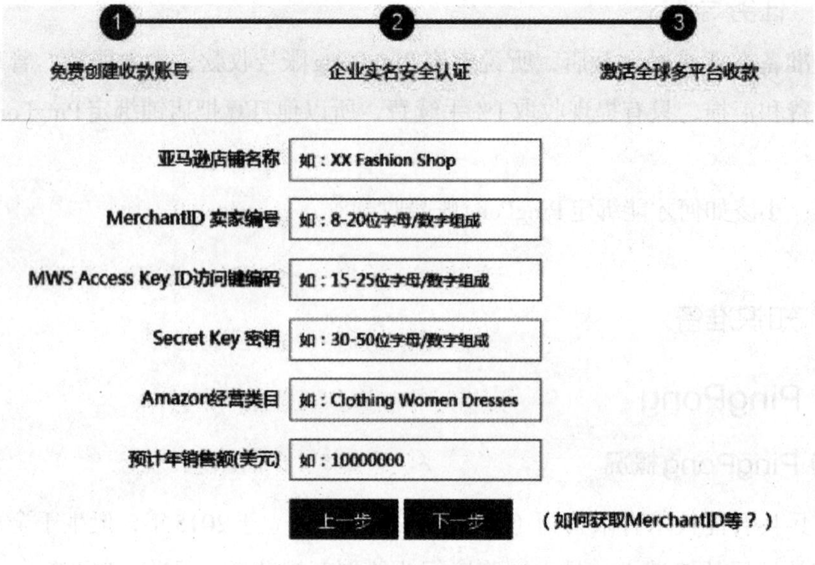

图5-4-1　PingPong多账号平台收款激活界面

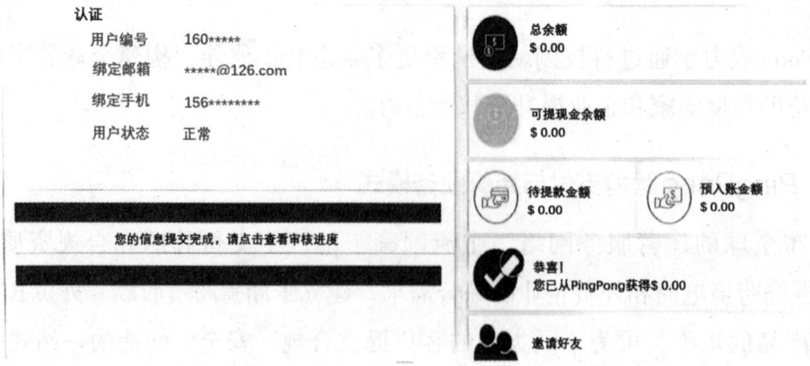

图5-4-2　PingPong客服界面

二、易宝支付

（一）易宝支付概况

易宝支付（YeePay.com）是中国第三方支付公司先行者，于2003年成立于北京，全国设有多家分公司。易宝支付于2006年率先创立B端行业支付模式，业内率先推出网上在线支付、信用卡无卡支付、POS支付、一键支付、电子钱包等产品。公司秉承"交易服务，成就客户"的初心，持续围绕产业链上下游的支付或资金处理需求提供行业定制的支付解决方案，先后为航空旅游、政务、教育、通信、零售、跨境、电力、电商、金融等众多行业提供服务，帮助行业客户降本增效，促成交易，加速企业数字化进程。

（二）易宝支付跨境支付与结算业务模式

易宝支付跨境支付与结算业务模式目前主要包括一键支付和跨境支付等，易宝支付跨境支付与结算独立品牌——易汇通的业务模式如图5-4-3所示。

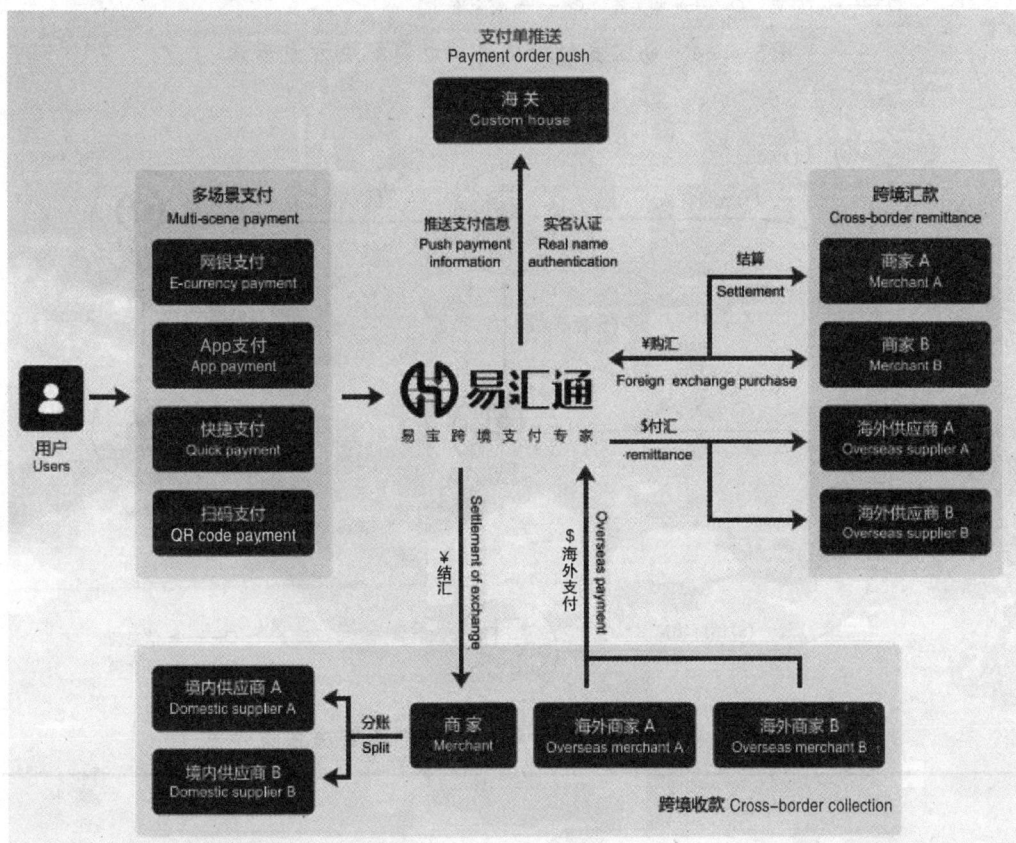

图5-4-3　易汇通的业务模式

⚡ 学习提示

易宝支付跨境进口电商解决方案示意如图5-4-4所示，易宝支付跨境出口电商解决方案示意如图5-4-5所示。

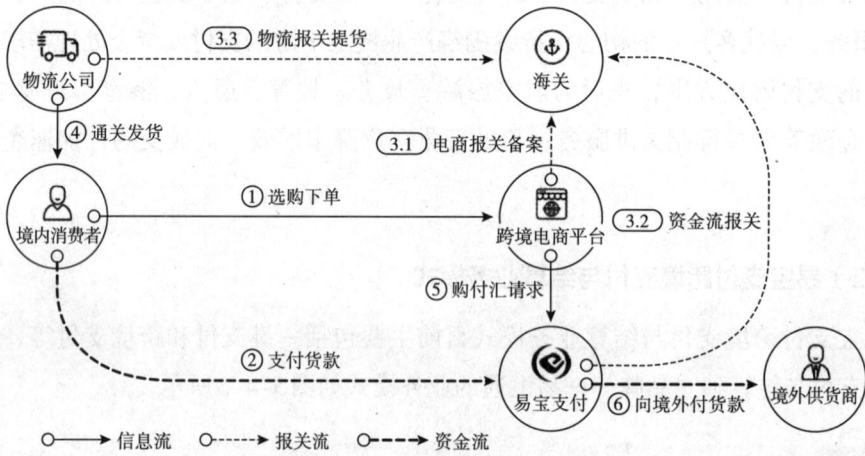

图5-4-4　易宝支付跨境进口电商解决方案示意

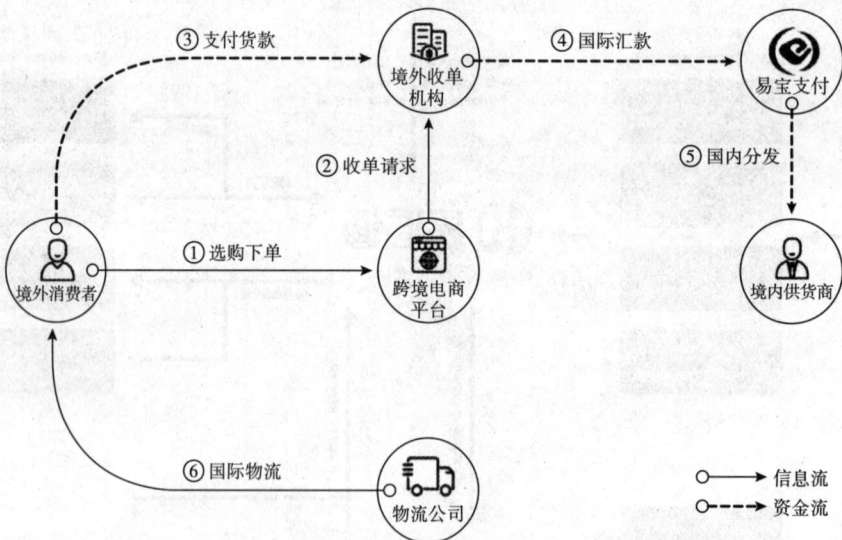

图5-4-5　易宝支付跨境出口电商解决方案示意

引导问题1：易宝支付跨境行业线的行业生态圈有哪些？

_____

_____

_____

引导问题2：易宝支付跨境行业线的产品优势是什么？

_____

_____

_____

引导问题3：易宝支付跨境行业线的合作伙伴有哪些？

_____

_____

_____

_____

三、一达通

（一）一达通概况

深圳市一达通企业服务有限公司（简称一达通）是阿里巴巴旗下的外贸综合服务平台，也是中国专业服务于中小企业的、外贸综合服务行业的开拓者和领军者。通过操作线上化及建立有效的信用数据系统，一达通致力于持续地推动传统外贸模式的革新。通过整合各项外贸服务资源和银行资源，一达通目前已成为中国国内进出口额排名靠前的外贸综合服务平台，为中小企业提供专业、低成本的通关、外汇、退税服务，及配套的物流和金融服务。

（二）一达通跨境支付与结算业务模式

一达通作为一家综合的外贸服务提供商，业务主要包括通关、外汇、退税服务，物流服务和金融服务。

1.通关、外汇、退税服务

通关方面，以一达通名义完成全国各大口岸海关的申报工作，通过一达通平台专业的操作，享受绿色通关通道，造就优势通关速度。外汇方面，一达通帮助中小外贸企业完成出口收汇国际结算业务，同时可为客户提供外汇保值服务，为客户提前锁定购汇或者未来结汇的汇率成本，有效规避汇率的波动风险。退税方面，以一达通名义统一帮助中小外贸企业快速办理退税，加快企业资金周转，通关、外汇、退税服务如图5-4-6所示。

图5-4-6　通关、外汇、退税服务

2.物流服务

一达通专为中小外贸企业在配送、仓储、运输的进出口贸易等环节，提供覆盖全国各地的主要港口与全球贸易区之间的"海陆空"三种类型的一站式物流解决服务。

一达通开通了欧美、东南亚等国家的海运专线，包揽目的港海关及配送，简化物流繁杂手续；海运整柜/拼箱服务范围覆盖全球几十个国家、一百多个港口，旨在提供优惠的价格与充足的舱位保障，收费透明，锁定低廉物流成本。此外，一达通与知名国际快递公司UPS、FedEx、DHL等都有合作。

3.金融服务

一达通的外贸融资服务，可完整地覆盖出口贸易不同阶段的资金需求，为买卖双方提供全面的、安全的资金保障，降低贸易风险及成本，一站式解决外贸各环节的融资需求，包括网商流水贷、超级信用证、退税融资、备货融资等服务。

任务实施

目前，个人及企业卖家均可申请PingPong收款账号。下面就为大家介绍PingPong收款账号注册，以及PingPong如何绑定亚马逊、Wish店铺的流程。

步骤一：注册前准备。

用户注册时需准备的内容包括用于注册账号的邮箱、手机号码、身份证正反面照片以及手持本人身份证拍的照片。

步骤二：完成PingPong收款账户注册。

1.注册邮箱验证

（1）进入PingPong收款账户注册界面，填写注册邮箱并验证。PingPong收款账户注册界面如图5-4-7所示。

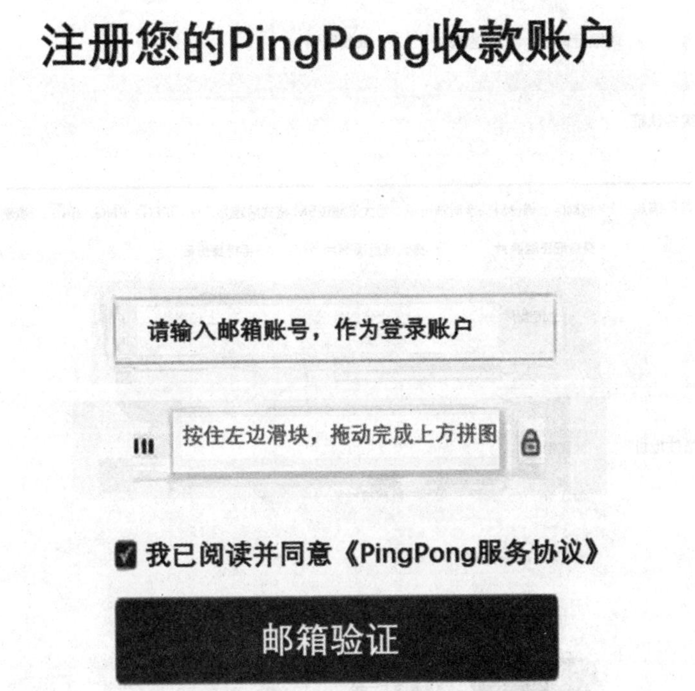

注册您的PingPong收款账户

请输入邮箱账号，作为登录账户

III　按住左边滑块，拖动完成上方拼图　🔒

☑ 我已阅读并同意《PingPong服务协议》

邮箱验证

图5-4-7　PingPong收款账户注册界面

（2）进入邮箱查看，点击"继续注册"，激活收款账户。激活PingPong收款账户界面如图5-4-8所示。

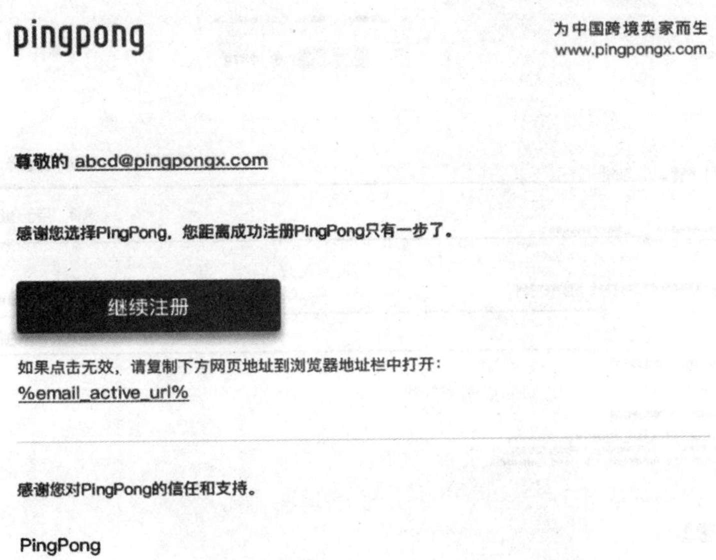

pingpong

为中国跨境卖家而生
www.pingpongx.com

尊敬的 abcd@pingpongx.com

感谢您选择PingPong，您距离成功注册PingPong只有一步了。

继续注册

如果点击无效，请复制下方网页地址到浏览器地址栏中打开：
%email_active_url%

感谢您对PingPong的信任和支持。

PingPong

图5-4-8　激活PingPong收款账户界面

（3）完成实名信息认证，实名信息认证界面如图5-4-9所示。

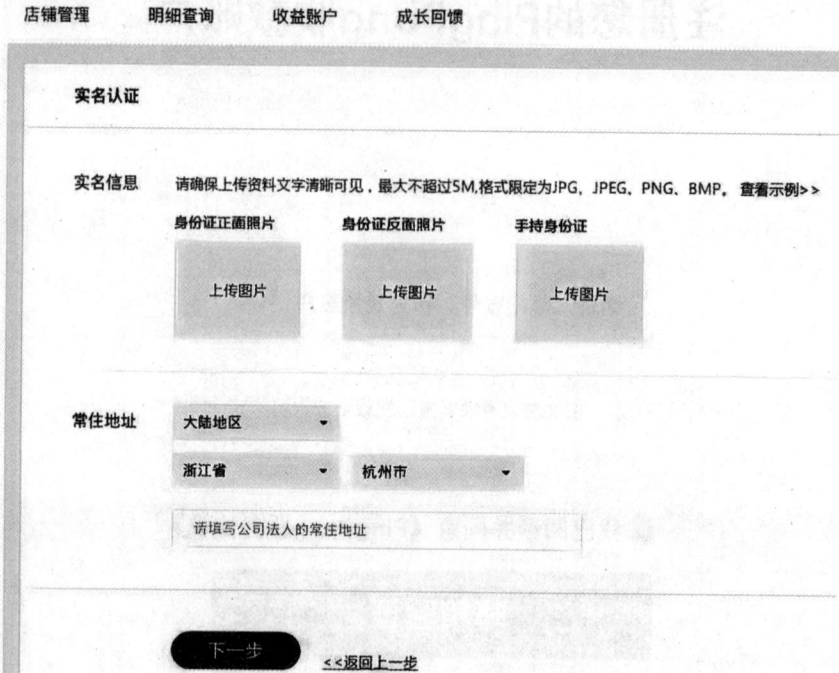

图5-4-9　实名信息认证界面

步骤三：绑定亚马逊店铺（尚未开设店铺）。

绑定亚马逊店铺（尚未开设店铺）界面如图5-4-10所示。

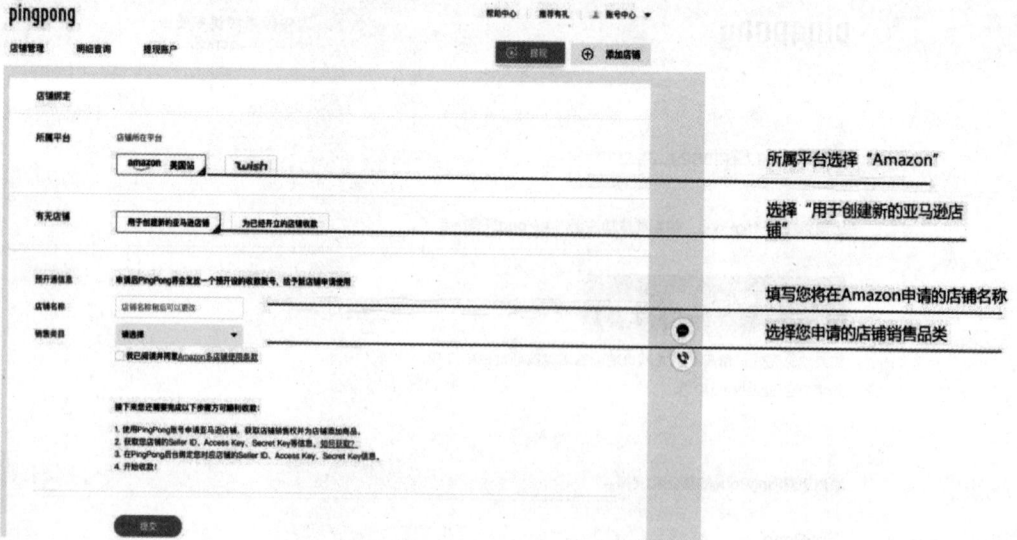

图5-4-10　绑定亚马逊店铺（尚未开设店铺）界面

步骤四：绑定Wish店铺。

绑定Wish店铺界面如图5-4-11所示。

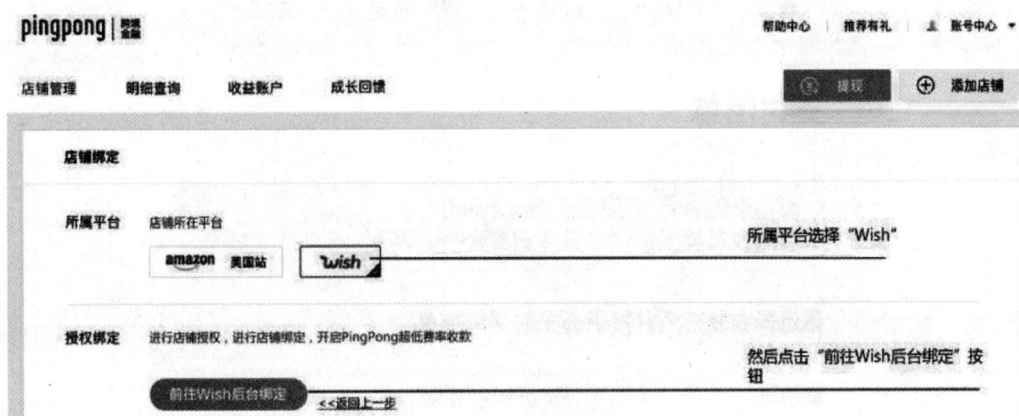

图5-4-11　绑定Wish店铺界面

在Wish店铺后台页面的右上角"账户"中选择"付款设置"，付款设置界面如图5-4-12所示。

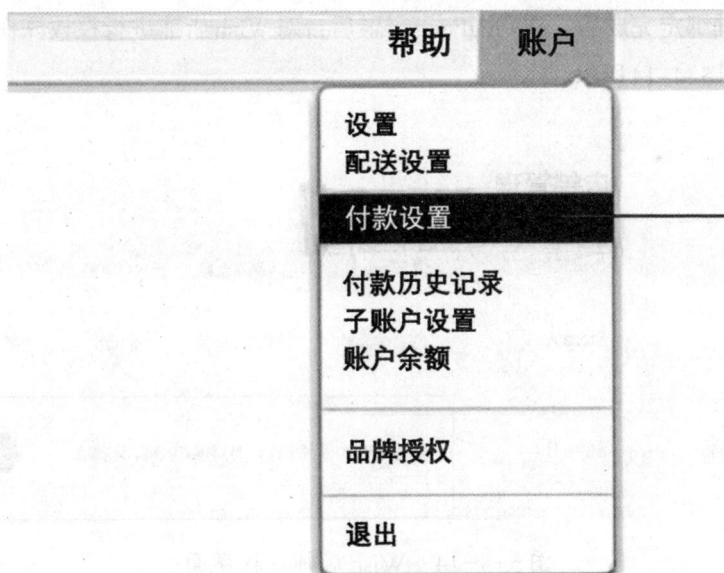

图5-4-12　付款设置界面

在Wish店铺后台页面左侧的"支付信息"中选择提供商为"PingPong金融"，然后点"注册"，跳转到PingPong后台确认绑定即可，选择"PingPong金融"界面如图5-4-13所示。

图 5-4-13　选择"PingPong金融"界面

　　Wish店铺绑定完成后，在PingPong金融后台对Wish店铺进行授权操作，Wish店铺授权界面如图5-4-14所示。

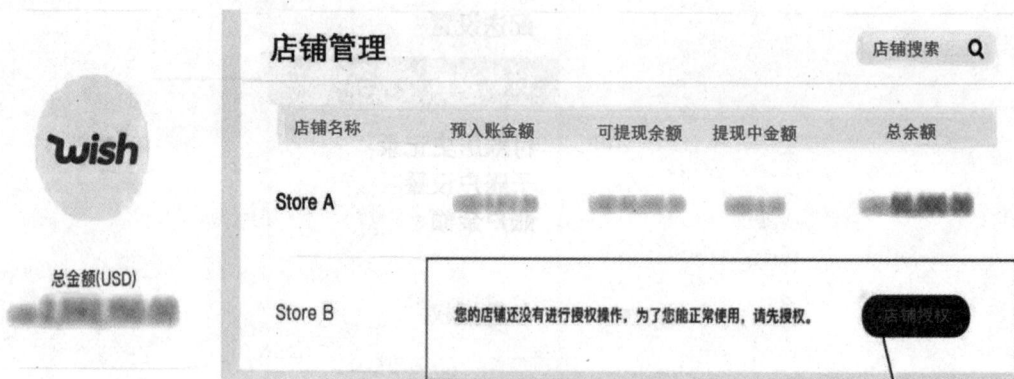

图 5-4-14　Wish店铺授权界面

评价反馈

学生学习评价考核

课程			姓名		学号		

任务名称		其他国内平台的跨境电商支付与结算					

序号	评价内容	考核标准	参考分值	学生自评分值	小组互评分值	教师评价分值	最终考核分值
1	学习能力	1.了解PingPong、易宝支付、一达通的概况 2. 了解PingPong、易宝支付、一达通的跨境支付与结算业务模式	30				
2	任务实施情况	能完成PingPong收款账号注册、绑定店铺的流程	30				
3	学习态度	态度端正,没有无故缺勤、迟到、早退现象	10				
4	学习质量	能按流程规范及操作要求完成学习任务	10				
5	团队合作能力	能与小组成员合作交流、协调工作	20				
总分			100				

参考答案

项目一　认识跨境电商物流

任务一　跨境电商概述

知识准备

引导问题1：跨境电商是基于传统外贸、外贸电商发展起来的，历经跨境电商1.0、跨境电商2.0、跨境电商3.0三个阶段，请查阅相关资料将表1-1-1补充完整。

表1-1-1　　　　　　　　　　　　跨境电商的发展阶段

序号	阶段	时间	特征
1	跨境电商1.0	1999—2003年	网上展示、线下交易的外贸信息服务模式
2	跨境电商2.0	2004—2012年	线下交易、物流等流程实现电子化，逐步建立在线交易平台
3	跨境电商3.0	2013年至今	全产业链在线服务化

引导问题2：请查阅相关资料，尝试总结以上四种跨境电商通关监管模式的优点、缺点，将表1-1-2补充完整。

表1-1-2　　　　　　　　跨境电商通关监管模式概述、优点及缺点

跨境电商通关监管模式	概述	优点	缺点
一般出口监管模式	采用"清单核放、汇总申报"的方式，跨境电商企业出口商品以邮件、快件方式分批运送，海关凭清单核放出境，定期把已核放清单数据汇总，形成出口报关单，跨境电商企业凭此办理结汇、退税手续	不受实施地点限制，适用于商品品类宽泛、琐碎、不易成批量运送的企业	运输需要专线渠道，代理渠道一般是没法退税的

138

跨境电商通关监管模式	概述	优点	缺点
保税出口监管模式	商家将商品批量备货至海关监管下的保税仓库（保税物流中心仓库），客户下单后，跨境电商企业根据订单为每件商品办理海关通关手续，在保税仓库完成贴面单和打包工作，经海关查验放行后，由跨境电商企业委托物流企业配送至客户手中	国际物流成本低、通关效率高、用户体验好	增加保税仓储成本、备货占用资金多
直购进口监管模式	商家将多个已售出商品统一打包，通过国际物流运送至国内的保税仓库，跨境电商企业为每件商品办理海关通关手续，经海关查验放行后，由跨境电商企业委托物流企业将商品派送至客户手中，每个订单附有海关单据	业务灵活、物流通关效率高、物流成本较低	海外操作成本高、物流时间长
保税电商A监管模式	此监管方式适用于境内电子商务企业通过海关特殊监管区域或保税物流中心（B型）一线进境的跨境电子商务零售进口商品	提前存货、按月集中处理，流程简化、清关快	无法准确把控数量，容易出现爆仓、缺货

任务实施

步骤一：跨境电商的分类。

请根据现有资料及网络资源将表1-1-3、表1-1-4补充完整。

1.按交易主体的属性分类（见表1-1-3）

表1-1-3　　　　　　　　　　　按交易主体的属性分类

分类	交易主体	特点	代表性跨境电商平台
B2B	企业对企业	交易双方企业多为来料加工企业、批发商或者零售商，成交和通关流程基本在线下完成，并纳入海关一般贸易统计	阿里巴巴、中国制造网
B2C	企业对用户	企业以销售个人消费品为主，多通过邮政物流或者国际快递方式交付商品	亚马逊
C2C	用户对用户	多以代购、海外买手形式存在。由于卖家拿货少，价格不是很有优势，但因C2C形式更容易实现个性化商品的采购，商品品类较广，在商品独特性方面，不容易和其他平台产生直接竞争	洋码头、小红书

2.按运营方式分类（见表1-1-4）

表1-1-4　　　　　　　　　　　　　按运营方式分类

平台类型	平台简介	平台盈利模式	代表性跨境电商平台
第三方开放平台	通过搭建线上商场，并整合物流、支付、运营等服务资源，吸引商家入驻，为其提供跨境电商交易服务	以商家佣金为主要盈利来源	eBay（易贝）、阿里巴巴
自营性平台	平台方整合供应商资源，通过较低的进价采购商品，然后高价出售商品，赚取差价	主要以商品差价为盈利来源	网易考拉
第三方+自营性平台	平台方既有直营商家入驻，又有其他第三方商家入驻	以商家支付的服务费及商品差价为盈利来源	京东全球购

步骤二：调研跨境电商平台。

略。

任务二　跨境电商物流概述

知识准备

引导问题1：跨境电商物流的特征有哪些？

距离远、时间长；成本高、流程复杂、可控性差；形式多样化；跨境电商物流的竞争呈现地域性和行业单一性；由单一服务走向多元化的服务。

引导问题2：请查阅相关资料，了解跨境电商物流与传统物流的区别，将表1-2-1补充完整。

表1-2-1　　　　　　　　　　跨境电商物流与传统物流的区别

对比项	跨境电商物流	传统物流
运输效率	跨境电商物流企业直达用户，送货上门	传统物流需要经过多层转运，最后到达门店，终端用户上门自提
复核方式	通过电子设备终端完成复核	人工单独完成复核
拣货方式	用拣货小车、周转箱、射频识别设备拣货	用叉车直接拣货

对比项	跨境电商物流	传统物流
信息元素	严格要求标签信息规范和完整，发票也必须和货物同步流动	信息元素要求不高，发票可以和货物异步流通
包装方式	有专门的包装线	没有专门的包装线

任务实施

略。

项目二　跨境B2B物流方式

任务一　国际海上货物运输

知识准备

引导问题：根据以上学习内容，查阅相关资料，总结国际海运的特点。

国际海运的特点是成本低，时间长，适合出货量大的外单。

任务实施

步骤一：确认发货日期。

货物到达目的港前，货代业务员确认订单、合同、出运事宜后，便可确认发货日期。请将步骤一的作业环节及作业内容（见表2-1-1）补充完整。

表2-1-1　　　　　　　　　　步骤一的作业环节及作业内容

作业环节	作业内容
确认订单	确认货物价格、货物运量
确认合同、出运事宜	确认合同的成交条款、最终发货量、最晚出运船期

步骤二：通知国内代理，准备清关单证。

请将步骤二的作业环节及作业内容（见表2-1-2）补充完整。

表2-1-2　　　　　　　　　　步骤二的作业环节及作业内容

作业环节	作业内容
通知国内代理，准备清关单证	货物发运后，通知国内代理准备清关单证，包括发票、装箱单、提单、原产地证、质检证书、包装声明等〔单证须根据具体的进出口国家（地区）政策规定而定〕

步骤三：申报及清关。

请将步骤三的作业环节及作业内容（见表2-1-3）补充完整。

表2-1-3　　　　　　　　步骤三的作业环节及作业内容

作业环节	作业内容
换单	去货运代理公司或船公司换签提货单
电子申报	电脑预录、审单、向海关申报放行
报检	电子申报放行后，凭报关单中的某一联办理报检手续
现场交接单证	海关工作人员现场交接单证
查验	海关根据货物申报品名的监管条件与当日查验概率给予查验，如有查验会开出查验通知书
放行	查验合格的一次放行；查验不合格的开出再次查验通知书或无再次查验通知书直接再次查验，查验合格后，做关封放行

任务二　国际航空货物运输

知识准备

引导问题1：国际航空货物运输的作用有哪些？

增强商品的竞争能力，对国际贸易的发展起到了巨大的推动作用；鲜活易腐和季节性强的商品适合国际航空货物运输；可以利用运输速度快、商品周转速度快、存货降低、资金迅速回收、节省仓储费用等优点弥补运费高的缺陷；国际航空货物运输是国际多式联运的重要组成部分。

引导问题2：国际航空货物运输清关操作流程中审单的主要内容有哪些？

国际航空货物运输清关操作流程中审单的主要内容包括：航班日期、提单号、收货人；通知人及货物描述；发票、装箱单的内容（货物重量、品名、数量是否与提单上显示的一致）；发票、装箱单的形式；HS编码所对应的海关和商检的监管条件及申报要素；设备的申报原产国和型号等。

引导问题3：国际航空货物运输清关操作流程中需要明确的信息有哪些？

国际航空货物运输清关操作流程中需要明确的信息包括委托单位、货物类型、货物包装和尺寸、贸易方式、HS编码、成交方式、送货时间、预计单证交接时间及其他需要注意的事项。

任务实施

略。

任务三　国际多式联运

知识准备

引导问题：请查阅相关资料，了解国际多式联运的特征，将表2-3-1补充完整。

表2-3-1　　　　　　　　　　　国际多式联运的特征

项目	特征
货运单证的填制	货物装船、装车或装机后应同时由实际承运人签发海运提单或其他运输方式的运单，多式联运经营人签发多式联运提单
提单	多式联运提单把海运提单的可转让性与其他运输方式下运单的不可转让性合二为一，因此多式联运经营人根据托运人的要求既可签发可转让的多式联运提单，也可签发不可转让的多式联运提单
信用证上的条款	向银行议付时不能使用船公司签发的已装船清洁提单，而应凭多式联运经营人签发的多式联运提单，同时还应注明该提单的抬头如何制作，以明确可否转让；如果不由银行转单，改由托运人、发货人或多式联运经营人直接寄单，以便收货人或其代理能尽早取得货运单证，加快在目的港（地）提货的速度，则应在信用证上加列"装船单证由托运人、发货人或多式联运经营人直寄收货人或其代理"之条款
海关验放的手续	内陆海关只对出口货物办理转关监管手续，由出境港口的海关进行查验放行。进口货物的最终目的地如果为内陆城市，进境港口的海关一般不进行查验，只办理转关监管手续，待货物到达最终目的地时由当地海关查验放行

任务实施

略。

项目三 跨境B2C物流方式

任务一 邮政物流

知识准备

引导问题1：国际邮件寄递过程是什么？具有哪些特点？国际邮政物流的优点、缺点有哪些？

国际邮件寄递过程是指邮政企业发往国外的出口邮件和从国外寄来的进口邮件的全部处理过程，负责经转国际邮件的邮政企业还要对总包过境运输和散寄邮件过境处理过程负责。

国际邮件一般要经过两个或两个以上国家的邮局，世界各国邮政部门之间订有协定和公约，通过这些协定和公约，各国可以互相传递邮件。邮政运输是一种具有国际多式联运性质的运输方式，利用两种或两种以上不同运输方式联合作业完成国际邮件"门到门"的传递。国际邮件的处理必须经过指定经转局、国际邮件互换局和国际邮件交换站的处理和交换才能完成。国际邮件中物品类的邮件必须经过海关查验这一环节。

从性质来看，国际邮件寄递主要有以下几个特点。

（1）国际性。在多数情况下，国际邮件需要一个或几个国家经转。各国在平等互利、相互协作的基础上，遵照国际邮政公约和协定的规定互相经转国际邮件。为确保国际邮件寄递的安全、迅速、准确，在办理国际邮件寄递业务时，必须熟悉并严格遵守本国和经转国的各项邮政规定和制度。

（2）多式联运性。国际邮件寄递过程一般需要经过两个或两个以上国家的邮局，运用两种或两种以上不同的运输方式的联合作业才能完成。但从邮政托运人角度来说，它只要向邮局照章办理一次托运，一次付清足额邮资，并取得一张包裹收据，全部手续即告完备。至于邮件运送、交接、保管、传递等一切事宜均由各国邮局负责办理。邮件运抵目的地，收件人即可凭邮局到件通知和收据向邮局提取邮件。所以，国际邮件寄递就其性质而论，具有国际多式联运性。

（3）"门到门"运输。各国邮局如星斗密布于世界各地，邮件一般可在当地就近向邮局办理国际邮件寄递业务，邮件到达目的地后，收件人也可到当地就近邮局提取邮件。

国际邮政物流的优点：邮政网络全球覆盖，只要有邮局的地方都能抵达，运费比较便宜，清关能力比较强。

国际邮政物流的缺点：速度较慢、查询网站信息滞后、丢包率较高。

引导问题2：众所周知，我国处理邮政事务的政府组织是国家邮政局，那么协调国与国之间邮政事务的组织是什么？其机构设置是怎么样的？

万国邮政联盟是商定国际邮政事务的政府间国际组织，其宗旨是根据邮联组织法规定，组成一个国与国之间的邮政领域，以便相互交换邮件；组织和改善国际邮政业务，以促进国际合作；推广先进经验，给予会员国邮政技术援助。万国邮政联盟的机构设置如下：万国邮政大会为万国邮政联盟的最高权力机构，由会员国代表组成；执行理事会为大会休会期间的执行机构；邮政研究咨询理事会研究邮政技术和合作方面的问题，并就某些问题提出改进建议以及推广邮政经济和成就；国际局为万国邮政联盟的中央办事机构，设在瑞士伯尔尼，其主要任务是对各国邮政业务进行联络和咨询，负责大会筹备工作和准备各项年度工作报告。

任务实施

根据任务引入中的信息，选择适用的寄递方式，计算资费后确定最终寄递方式，填写邮政运单。

步骤一：选择寄递方式。

铁观音茶重量为1.5kg，在2kg限制范围以内，初步选择采用的寄递方式为中国邮政小包、e邮宝、国际EMS三种方式。

步骤二：计算资费。

查询邮寄当天各寄递方式的资费标准，计算各寄递方式的资费如下。

（1）中国邮政小包。

①挂号资费＝标准资费 × 实际重量 × 折扣＋挂号费＝68.41 × 1.5 × 0.8 ＋ 23.10 ≈ 105.19（元）。

②平邮资费＝标准资费 × 实际重量 × 折扣＝68.41 × 1.5 × 0.8 ≈ 82.09（元）。

（2）e邮宝。

e邮宝资费＝重量资费 × 实际重量 × 折扣＋操作处理费＝70 × 1.5 × 0.9+17=111.50（元）。

（3）国际EMS。

国际EMS资费＝首重资费＋（计费重量－首重）× 续重资费＝131＋（1500－500）×

0.09=221.00（元）。

步骤三：确定寄递方式。

按照公司的发货习惯，结合资费计算结果，小李选择中国邮政小包中平邮小包方式进行发货，填写邮政运单并通知营业点取货。

任务二　商业快递

知识准备

引导问题：商业快递具有哪些优势和劣势？

优势：商业快递时效性很强，运输防护性比较高，通关能力强；商业快递公司通常开展报关、报检、投保、包装、仓储、上门服务、货物跟踪等业务，服务范围广泛。

劣势：商业快递最大的劣势是成本比较高，特别是就个人和小微企业而言会大大提高其物流成本。

任务实施

略。

任务三　专线物流

知识准备

引导问题：查阅相关资料，思考跨境电商B2C与传统外贸、跨境电商B2B有何区别，将下述内容补充完整。

传统外贸：<u>工厂—出口商—进口商—批发商—零售商—客户</u>。

跨境电商B2B：<u>工厂—批发商—零售商—客户</u>。

跨境电商B2C：<u>工厂—客户</u>。

任务四　海外仓作业

知识准备

引导问题1：目前，我国政府正在积极推动并且大力引导海外仓的建设与发展。旨在推动流通产业转型升级，打通"最后一公里"，鼓励电商企业"走出去"，积极参与国际贸易及海外仓的建设和发展。对于卖家来说，海外仓有何优势和劣势？

1.优势

（1）降低物流成本及减少清关费用。跨境卖家以一般贸易的方式将货物输出至海外仓，以批量的形式完成头程运输，比零散地用商业快递发货要节省成本，一些产品还能享受出口退税的政策。

（2）缩短配送时间，提升客户满意度。加快配送速度，缩短配送时间，也就缩短了整个订单交易的时间，让客户享受本土化的购物体验，更容易使其对卖家产生信任感，能很好地提升客户满意度。

（3）可以退换货，优化境外买家的购物体验。每个买家都十分看重售后服务，境外买家也不例外。如果境外买家购买了产品后，因为各种原因需要进行退换货，而卖家让境外买家将产品退到国内，这样会很不划算。如果退到海外仓的话，就方便多了。海外仓能给境外买家提供退换货服务，也就能优化境外买家的购物体验，提高境外买家的重复购买率。

（4）有助于扩大产品SKU（最小存货单位），提升市场占有率。使用海外仓能够卖出更多的产品，赚到更多的钱，占领更大的市场，提升产品曝光率，形成品牌效应、规模效应，提升产品竞争力。

（5）能使卖家更严谨地选品。海外仓储存的产品，一需要保证质量，二需要适当地满足买家的需求，这样才能使卖家盈利，使卖家更严谨地选品。

（6）把传统贸易模式升级为海外仓贸易模式，缩短贸易流程，降低贸易风险。将货物发往海外仓，相当于将仓储与配送业务外包给海外仓服务商。海外仓服务商因地制宜，拥有更专业的团队和丰富的仓储管理经验。只要卖家下达订单发货指令，他们就会为卖家处理订单。卖家不必再将时间花在产品仓储、库存盘点和打包配送等环节。

（7）能有效避免物流高峰。每逢圣诞节、万圣节这种疯狂扫货日，国内卖家会集中在节后向国外大量发货，这势必会严重影响国际物流商的运转速度，进而影响买家的收货时间。漫长的等待会让买家产生不满的情绪，甚至会取消订单，这就很容易令卖家流失客户。这时，海外仓的优势就凸显出来了，卖家已经提前将货物批量发至海外仓，只要下达指令进行本土配送就行了，不会受物流高峰的困扰。

2.劣势

（1）卖家无法像管理自己的仓库一样管理海外仓。货物发到海外仓后，卖家就再也无法接触到货物，可能会不太放心。不过卖家可以提前实地考察，觉得海外仓服务商提供的仓储环境、货物管理方法都不错的话，再将货物交给对方。

（2）库存压力大，仓储成本高，资金周转不便。只要卖家的货物存放在海外仓一天，卖家就要支付一天的仓储费用。假如出现了销量不理想的情况，那么货物会一直压在仓库中，就会增加仓储成本。除了增加库存压力，还会使卖家的资金周转不便。鉴于此，卖家可以选择在店铺销售旺季时使用海外仓，在淡季时则不用或减少使用海外仓。

引导问题2：国内生产商利用跨境电商企业的海外仓，可以通过网络平台直接与国外采购商接触，免去了多余的环节，节省了费用，这让跨境电商企业在近几年纷纷试水海外仓，那么海外仓的经营模式有哪些呢？

1.第三方海外仓

第三方海外仓模式是指由第三方企业（多数为物流服务商）建立并运营的海外仓，并且可以提供多家跨境电商企业的清关、入库质检、接收订单、商品分拣、配送等服务。

2.FBA仓

FBA仓是亚马逊提供的包括仓储、拣货打包、派送、收款、客服与退货处理的一条龙式物流服务仓。FBA仓的物流水平是海外仓行业内的标杆，FBA仓的日发货量、商品种类、客户数量都远远超过第三方海外仓，可以想象FBA仓面临的巨大的管理难度。但是除了运费贵、退货麻烦，FBA仓的物流服务几乎让卖家无可挑剔。

3.自营海外仓

目前，第三方海外仓的服务水平还比较初级，不能满足客户的个性化需求，有不少跨境电商企业选择自建海外仓。另外，FBA仓并非尽善尽美，所以有不少跨境商家企业选择自己建立并且运营海外仓，仅为本企业的产品提供仓储、配送等服务。但是自营海外仓的成本较高，一般只有大体量的企业才会自建海外仓。自营海外仓整个跨境物流过程由跨境电商企业自己掌控。

引导问题3：海外仓是跨境电商发展的重要物流配套设施，你知道海外仓的作业流程吗？

海外仓的作业流程一般由相关主体进行统一计划与调度，海外仓主要扮演着执行角色。其大致的作业流程如下。

（1）接收货物。海外仓收到卖家通过海运、空运等方式发送的货物。

（2）入库操作。海外仓工作人员对货物进行清点、检查，确保货物数量、品质与发货单一致，然后将货物按照类别、批次等信息进行分类存储。

（3）库存管理。海外仓工作人员需要对库存进行实时监控，确保库存准确无误。这包括定期盘点、记录货物出入库情况、调整库存信息等。

（4）订单处理。当买家下单购买商品后，卖家将订单信息发至海外仓工作人员，海外仓工作人员进行订单处理。

（5）拣货打包。海外仓工作人员根据订单信息，将所需货物从货架上取下，进行拣货。拣货完成后，将货物进行打包，确保包装牢固、安全。

（6）出库操作。海外仓工作人员对打包完成的货物进行出库操作，需要填写出库单据、核对货物信息等。

（7）运输安排。根据买家的要求，选择合适的运输方式，将货物运送至目的地。同时，跟踪货物运输情况，确保货物能够准时送达。

（8）客户服务。海外仓还需要提供客户服务，包括处理退换货、退款等。

（9）退换货处理。对于需要退换货的订单，海外仓工作人员需要按照卖家的要求，对货物进行退换货操作。这包括接收退货、检查货物、重新上架等。

（10）数据报告。海外仓需要定期向卖家提供库存、订单、运输等方面的数据报告，以便卖家了解海外仓的运营情况。

任务实施

略。

项目四　保税仓业务模式

任务一　保税仓业务认知

知识准备

引导问题：现在越来越多的跨境电商平台选择在保税仓发货，那么你知道跨境电商保税仓是什么吗？

跨境电商保税仓是专门从事跨境电商业务的保税仓，在普通保税仓原有保税的基础上，增加跨境电商运作设施。

任务实施

步骤一：了解跨境电商保税进口的场地条件。

海关特殊监管区域、保税物流中心（B型）内应设置信息化系统、专用查验场地、X光机查验分拣系统，配备视频监控设备。企业应建立符合海关监管要求的仓储管理系统，设置专用区域存放电商商品，未经海关同意，不得与其他商品混存，专用区域按照作用可以大致分为仓储理货区、打包区、查验等待区、配送作业区。

步骤二：跨境电商保税进口前置准备。

1.企业备案

通常跨境电商零售进口业务的参与主体企业可分为境外跨境电商企业及其境内代理人、跨境电商平台、境内服务商（提供申报服务的企业）、支付企业（应具有《金融许可证》或者支付业务范围包含"互联网支付"的《支付业务许可证》）、物流企业（应具有《快递业务经营许可证》），上述企业需要向所在地海关办理注册登记备案。

2.系统对接

境外跨境电商企业及其境内代理人、跨境电商平台、境内服务商、支付企业、物流企业应按照相关数据传输的格式及要求，分别同国际贸易"单一窗口"或跨境电子商务通关服务平台进行信息化系统对接，进而实现与海关系统对接，以向海关部门传送交易单、支付单、运单、跨境电子商务零售进口商品申报清单等电子信息。

3.税款担保

客户为跨境电子商务零售进口商品的纳税义务人，跨境电商平台、物流企业、境内服务商作为税款的代收代缴义务人，在开展业务前以保证或者保函方式，向海关提交足额有效的税款担保，并在跨境电子商务零售进口商品的信息化系统中录入担保信息，海关予以确认。

4.建立账册

企业在海关系统建立跨境电商专用电子账册，为记录和核算商品进境、存储等做好准备。

步骤三：明确跨境电商保税进口流程。

根据跨境电商保税进口流程，将下述内容补充完整。

1.商品进入特殊区域（中心）

跨境电子商务零售进口商品入境后需要向海关申报。试点城市的监管方式应填报"网购保税进口"（代码1210），其他城市应填报"网购保税电商A"（代码1239）。商品在进境口岸进行海关检查（检疫）后，放行进入特殊区域（中心），进行理货、存储。

2.销售转出特殊区域（中心）

商品在跨境电商平台销售后，相关企业分别向海关传输三单电子信息，并申报跨境电子商务零售进口商品申报清单，货物打包、海关放行后转出特殊区域（中心），运送至客户。

3.退货管理

允许境外跨境电商企业境内代理人或其委托的报关企业对订单内的部分或全部商品申请退货，退货商品应在海关放行之日起45日内运抵原特殊区域（中心），相应税款不予征收，并调整客户年度交易累计金额。

4.汇总征税

海关放行后30日内未发生退货或报关单修改和撤销的，税款代收代缴义务人在放行后第31日至第45日内向海关办理纳税手续，缴纳税款后担保额度自动恢复。

任务二　保税仓入库、出库

知识准备

引导问题1：1kg商品通过跨境电商保税进口模式，送到中国的客户手中往往只需要5~15元国内快递配送费。同样重量的商品，通过海外直邮模式，你知道中国客户需要支付的配送费是多少吗？你可以尝试登录国外购物网站的全球配送页面进行查询。

我国客户从<u>韩国</u>（国家/地区）通过<u>中国邮政速递物流</u>（配送企业）直邮1kg商品运至国内的配送费，约合人民币 <u>157.10</u> 元。

引导问题2：跨境电商保税进口商品从进入保税仓，再到离开保税仓，需要经历哪些环节？

1.查验

首先，企业拿到完整的通关资料后要向海关提交报关单和报检单，报关单和报检单中包含了该批商品的提运单号、进境口岸、集装箱号、重量、名称、规格、数量、金额等信息。

在办理报关单和报检单放行手续的过程中，可能会对商品进行查验。海关查验主要在口岸进行，核对商品的名称、规格和数量等。检验检疫查验在库区检验检疫的查验区域进行，主要核对商品的外包装和集装箱箱体有无病虫害等。如果发现外包装有病虫害，则需要将外包装暂扣在指定的区域，然后再进行取样化验。

2.核注

完成查验后，商品进入库区的理货区，仓库的作业人员会根据该批商品的原始单证，核对货物的条码和数量是否和单证一致。一致的，则到海关办理核注手续。不一致的，则需要请海关的工作人员到库区核实数量，确认好准确的数量后，再办理改单手续，完成后再进行核注。

3.入库放行

完成核注后，代表海关已放行该批商品，仓库的作业人员会将商品运送到存储区域的仓位上，并将数据维护进跨境电商企业的仓储管理系统。这样，就保证了跨境电商企业库存数据和海关库存数据的一致性。

4.出库放行

完成以上步骤后，跨境电商企业就可以开始销售商品了，并可以根据销售情况实时推送订单数据到跨境电商通关服务平台，跨境电商通关服务平台通过数据接口，与跨境电商企业的仓储管理系统进行实时数据交换。对于海关放行的订单，仓库开始分拣和包装商品，完成后交接给对应的快递公司，最后派送到客户手中。

任务实施

步骤一：收货入库。

1. 登记卸货

车辆到达保税仓指定的收货月台，收货员对货物进行登记卸货作业。

请根据图示的作业场景，将登记卸货作业环节图示、名称及作业内容（见表4-2-3）补充完整。

表4-2-3　　　　　登记卸货作业环节图示、名称及作业内容

作业环节图示、名称	作业内容
 到货拍照	对到货车辆牌照和铅封的原始状态拍照留底
 登记确认	对车辆牌照和铅封编码进行登记并签字确认
 开箱拍照	剪开铅封，对打开箱门后的箱内状态进行拍照留底

作业环节图示、名称	作业内容
 入库卸货	仓库收货员收取司机出示的载货清单，将货物从车上卸下，并搬运至指定卸货区

任务三　保税仓报关操作

知识准备

引导问题：经常海淘的朋友肯定都听过保税仓，但并不是每位朋友都真正了解保税仓报关操作，你知道保税仓的货物在海关监管下如何进行报关吗？

保税货物报关与一般进出口货物不同，它不是在某一个时间节点上办理完进口或出口手续后即完成报关，而是从进境、储存或加工到复运出境的全过程办理手续。只有办理了整个过程的各种海关手续后，才真正完成了保税货物的报关。保税货物报关基本流程包括合同备案、办理进口手续、储存或加工后复运出口和核销结案四个环节。

1.合同备案

合同备案是指经营单位持有关批件、对外签约合同及有关单证向主管海关申请办理合同备案手续，海关核准后，签发有关登记手续。合同备案是经营单位向海关申请办理的第一个手续，须在保税货物进口前办妥，它是保税业务的开始，也是经营单位与海关建立承担法律责任和履行监管职责法律关系的起点。

2.办理进口手续

已在海关办理合同备案的保税货物在实际进境时，经营单位或其代理人应持海关核发的该批保税货物的加工贸易登记手册及其他单证向进境地海关申报，办理进口手续。

3.储存或加工后复运出口

储存或加工后复运出口是指保税货物进境后，应储存于海关指定的场所或交付给海关核准的加工企业进行加工，在储存期满或加工完成后复运出境。经营单位或其代理人应持该批保税货物的加工贸易登记手册及其他单证向出境地海关申报，办理出口手续。

4.核销结案

核销结案是指在合同备案期满或加工产品出口后的一定期限内，经营单位应持有关加工贸易登记手册、进出口货物报关单及其他有关资料，向合同备案地海关办理核销手续，海关对保税货物的进口、储存、加工、使用和出口情况进行核实并确定最终征免税意见后，对该备案合同予以核销结案。这一环节是保税货物整个报关程序的终点。

任务实施

略。

任务四　跨境电商出口退税

知识准备

引导问题1：近几年，大型口岸陆续开通跨境电商退税业务，你知道跨境电商出口退税的申请条件吗？

（1）必须经营出口产品业务，这是跨境电商企业申办出口退税最基本的条件。

（2）必须持有工商行政管理部门核发的营业执照，这是企业或组织拥有合法经营权的凭证。

（3）必须是实行独立经济核算的企业，具有法人地位，有完整的会计工作体系，独立编制财务收支计划和资金平衡表，并在银行开设独立账户，可以对外办理购销业务和货款结算。

凡不同时具备上述条件的跨境电商企业，一般不予以办理跨境电商出口退税。

引导问题2：随着我国跨境电商的迅速发展，跨境电商进出口业务的税收问题也倍受关注。为了防止跨境电商进出口业务游离在税收征管体系之外，从税收公平原则出发，国家制定了相关政策，你了解吗？

我国关于跨境电商出口退税的相关政策规定主要见于《关于跨境电子商务零售出口税收政策的通知》（财税〔2013〕96号）。

电子商务出口企业出口货物（财政部、国家税务总局明确不予出口退（免）税的货物除外，下同），同时符合下列条件的，适用增值税、消费税退（免）税政策：

（1）电子商务出口企业属于增值税一般纳税人并已向主管税务机关办理出口退（免）税资格认定；

（2）出口货物取得海关出口货物报关单（出口退税专用），且与海关出口货物报关单电子信息一致；

（3）出口货物在退（免）税申报期截止之日内收汇；

（4）电子商务出口企业属于外贸企业的，购进出口货物取得相应的增值税专用发票、消费税专用缴款书（分割单）或海关进口增值税、消费税专用缴款书，且上述凭证有关内容与出口货物报关单（出口退税专用）有关内容相匹配。

电子商务出口企业出口货物不符合上述规定条件，但同时符合下列条件的，适用增值税、消费税免税政策：

（1）电子商务出口企业已办理税务登记；

（2）出口货物取得海关签发的出口货物报关单；

（3）购进出口货物取得合法有效的进货凭证。

任务实施

略。

任务五　自由贸易试验区认知

知识准备

引导问题1：国务院印发了《中国（辽宁）自由贸易试验区总体方案》《中国（浙江）自由贸易试验区总体方案》《中国（河南）自由贸易试验区总体方案》《中国（湖北）自由贸易试验区总体方案》《中国（重庆）自由贸易试验区总体方案》《中国（四川）自由贸易试验区总体方案》《中国（陕西）自由贸易试验区总体方案》。你知道这些文件对各省（市）自由贸易试验区的物流发展有何规划吗？

1.《中国（辽宁）自由贸易试验区总体方案》

大连片区重点发展港航物流、金融商贸、先进装备制造、高新技术、循环经济、航运服务等产业，推动东北亚国际航运中心、国际物流中心建设进程，形成面向东北亚开放合作的战略高地；沈阳片区重点发展装备制造、汽车及零部件、航空装备等先进制造业和金融、科技、物流等现代服务业，提高国家新型工业化示范城市、东北地区科技创新中心发展水平，建设具有国际竞争力的先进装备制造业基地；营口片区重点发展商贸物流、跨境电商、金融等现代服务业和新一代信息技术、高端装备制造等战略性新兴产业，建设区域性国际物流中心和高端装备制造、高新技术产业基地，构建国际海铁联运大通道的重要枢纽。

2.《中国（浙江）自由贸易试验区总体方案》

舟山离岛片区鱼山岛重点建设国际一流的绿色石化基地，鼠浪湖岛、黄泽山岛、双子山岛、衢山岛、小衢山岛、马迹山岛重点发展油品等大宗商品储存、中转、贸易产业，海洋锚地重点发展保税燃料油供应服务；舟山岛北部片区重点发展油品等大宗商品贸易、保税燃料油供应、石油石化产业配套装备保税物流、仓储、制造等产业；舟山岛南部片区重点发展大宗商品交易、航空制造、零部件物流、研发设计及相关配套产业，建设舟山航空产业园，着力发展水产品贸易、海洋旅游、海水利用、现代商贸、金融服务、航运、信息咨询、高新技术等产业。

3.《中国（河南）自由贸易试验区总体方案》

郑州片区重点发展智能终端、高端装备及汽车制造、生物医药等先进制造业以及现代物流、国际商贸、跨境电商、现代金融服务、服务外包、创意设计、商务会展、动漫游戏等现代服务业，在促进交通物流融合发展和投资贸易便利化方面推进体制机制创新，打造多式联运国际性物流中心，发挥服务"一带一路"建设的现代综合交通枢纽作用；开封片区重点发展服务外包、医疗旅游、创意设计、文化传媒、文化金融、艺术品交易、现代物流等服务业，提升装备制造、农副产品加工国际合作及贸易能力，构建国际文化贸易和人文旅游合作平台，打造服务贸易创新发展区和文创产业对外开放先行区，促进国际文化旅游融合发展；洛阳片区重点发展装备制造、机器人、新材料等高端制造业以及研发设计、电子商务、服务外包、国际文化旅游、文化创意、文化贸易、文化展示等现代服务业，提升装备制造业转型升级能力和国际产能合作能力，打造国际智能制造合作示范区，推进华夏历史文明传承创新区建设。

4.《中国（湖北）自由贸易试验区总体方案》

武汉片区重点发展新一代信息技术、生命健康、智能制造等战略性新兴产业和国际商贸、金融服务、现代物流、检验检测、研发设计、信息服务、专业服务等现代服务业；襄阳片区重点发展高端装备制造、新能源汽车、大数据、云计算、商贸物流、检验检测等产业；宜昌片区重点发展先进制造、生物医药、电子信息、新材料等高新产业及研发设计、总部经济、电子商务等现代服务业。

5.《中国（重庆）自由贸易试验区总体方案》

两江片区着力打造高端产业与高端要素集聚区，重点发展高端装备、电子核心部件、云计算、生物医药等新兴产业及总部贸易、服务贸易、电子商务、展示交易、仓储分拨、专业服务、融资租赁、研发设计等现代服务业，推进金融业开放创新，加快实施创新驱动发展战略，增强物流、技术、资本、人才等要素资源的集聚辐射能力；西永片区着力打造加工贸易转型升级示范区，重点发展电子信息、智能装备等制造业及保税物流中转分拨等生产性服务业，优化加工贸易发展模式；果园港片区着力打造多式联运物流转运中心，重点发展国际中转、集拼分拨等服务业，探索先进制造业创新发展。

6.《中国（四川）自由贸易试验区总体方案》

成都天府新区片区重点发展现代服务业、高端制造业、高新技术、临空经济、口岸服务等产业，建设国家重要的现代高端产业集聚区、创新驱动发展引领区、开放型金融产业创新高地、商贸物流中心和国际性航空枢纽，打造西部地区门户城市开放高地；成都青白江铁路港片区重点发展国际商品集散转运、分拨展示、保税物流仓储、国际货代、整车进口、特色金融等口岸服务业和信息服务、科技服务、会展服务等现代服务业，打造内陆地区联通丝绸之路经济带的西向国际贸易大通道重要支点；川南临港片区重点发展航运物流、港口贸易、教育医疗等现代服务业，以及装备制造、现代医药、食品饮料等先进制造和特色优势产业，建设成为重要区域性综合交通枢纽和成渝城市群南向开放、辐射滇黔的重要门户。

7.《中国（陕西）自由贸易试验区总体方案》

自贸试验区中心片区重点发展战略性新兴产业和高新技术产业，着力发展高端制造、航空物流、贸易金融等产业，推进服务贸易促进体系建设，拓展科技、教育、文化、旅游、健康医疗等人文交流的深度和广度，打造面向"一带一路"的高端产业高地和人文交流高地；西安国际港务区片区重点发展国际贸易、现代物流、金融服务、旅游会展、电子商务等产业，建设"一带一路"国际中转内陆枢纽港、开放型金融产业创新高地及欧亚贸易和人文交流合作新平台；杨凌示范区片区以农业科技创新、示范推广为重点，通过全面扩大农业领域国际合作交流，打造"一带一路"现代农业国际合作中心。

引导问题2：请利用互联网查阅资料，了解我国物流标准化现状，分析我国物流标准化目前存在的问题，并提出建设性的对策。

1.我国物流标准化的现状

近些年，我国国民经济与对外贸易的发展为我国物流标准化的发展提供了良好的机遇，尤其是近几年，国内的专业化物流公司和商业企业配送中心渐成气候，一些大型制造企业也在物流配送方面有所创新。随着物流产业基础市场的发育，我国的物流标准化工作启动，并制定了一系列与物流有关的标准，建立了与物流有关的标准化组织、机构，积极参与国际物流标准化活动，积极采用国际物流标准，积极开展物流标准化的研究工作。

2. 我国物流标准化存在的问题

虽然近几年我国物流标准化工作取得了一定的进展，但由于诸多原因，目前我国物流标准化仍存在着一些问题。

（1）条块分割、部门分割、地区分割。由于物流及其物流管理思想在我国诞生较晚，组成物流大系统的各个分系统在没有归入物流系统之前，早已分别实现了各个分系统的标准化。这就必然导致了在标准制定内容上的条块分割、部门分割。同时在长期计划经济体制的影响下，各地区、各行业各自为政，物流标准不一致，跨区域性物流、多式联运物流的效率下降。

（2）在货物的仓储、装卸和运输等过程中缺乏基本设备的统一规范。仓储、装卸和运输是物流系统极其重要的组成部分，其效率的高低直接影响物流效率。货物的仓储、装卸和运输等各环节因缺乏统一的规范而难以实现有效的衔接，如托盘、卡车、仓库货架等无法配套使用。其中托盘标准存在的问题较为典型，我国的物流企业有的采用欧美地区标准，有的采用日韩地区标准，还有的干脆自己定义，由于与产品包装箱尺寸不匹配，严重影响了物流系统的运作效率。

（3）信息标准化落后。目前，我国许多部门和单位都在建立自己的商品信息数据库，但数据库的字段、类型和长度都不一致，形成一个个信息孤岛，严重影响了作为物流管理基础的信息交换和电子商务的运作。

（4）物流标准的推广、执行上存在问题。尽管我国建立了物流标准体系，制定了一些重要的国家标准，但这些标准的推广应用仍然存在着问题。

3. 提高物流标准化的对策

（1）政府应以优惠政策鼓励企业参与物流标准化建设。政府部门是国家标准的组织制定者和推广者，在国家标准的制定中扮演着重要角色。而企业是标准的最终执行者，物流标准的推广必须有企业的配合。企业是务实的，利益是企业平衡取舍的关键。政府可以在推广标准化方面予以政策支持和制约。

（2）行业协会应发挥引导与协调作用。行业协会应鼓励行业中各企业参照国际先进物流标准，努力打破条块分割和地方保护主义，统筹规划，整合物流资源，从整个经济贸易发展的层面规划物流产业的网络布局，加强行业协会的发展与引导作用。同时通过行业协会中间联络，行业内各个企业在物流活动中得到统一与协调。

（3）积极借鉴国外先进物流标准，注重与国际物流标准接轨。在物流标准化工作中，不仅要立足国内实际情况，同时还要着眼于国际，加强物流标准化与国际物流标准化的接轨。由于我国物流标准化起步较晚，在建立物流标准化体系时，要充分借鉴发达国家的成熟经验和先进技术，积极采用国内和国外先进标准和标准化方法。这是保证物流标准体系科学合理、少走弯路的有效方法。

（4）尽快出台基础性实用标准，逐步推出新标准。物流标准化是一个水到渠成的自然过程，在短期内推广完善物流标准化体系不切实际。在考虑物流各环节协调运作的基础上，对现行的国家已颁布的与物流活动有关的标准进行深入研究与对比，全面整理，淘汰影响物流业整体发展的旧标准，尽可能地以国际标准为基本参照系，逐步推出新标准，逐步完善物流标准化体系。

（5）重视物流标准化人才的培养。目前，我国物流标准化人才稀缺，这将直接影响物流的发展。为此，要积极培养现代物流人才，包括多种方式的培训，比如从企业现有人员中选择高素质的管理人员到有关院校深造，也可以引进国外物流人才。同时，还要尽快建立起人才激励机制，培养一批熟悉物流业务、具有跨学科综合能力的物流管理人才和专业技术人才，这样才能更好地实现物流标准化。

任务实施

略。

项目五　跨境电商支付与结算

任务一　认识跨境电商支付与结算

知识准备

引导问题：查阅相关资料，思考传统支付方式与电子支付方式有何区别，将表5-1-1补充完整。

表5-1-1　　　　　　　　传统支付方式与电子支付方式的区别

对比项目	传统支付	电子支付
支付技术	通过现金的流转、票据的转让及银行的汇兑等物理实体来完成款项支付	采用先进的技术通过数字流转来完成信息传输，其各种支付方式都是通过数字化的方式进行款项支付的
系统平台	在封闭的系统中运作	基于一个开放的系统平台（互联网）运作
通信手段	依靠传统的通信媒介	利用先进的通信手段

任务实施

如果是国内电商业务，支付与结算方式不外乎支付宝、财付通等，而且不用担心手续费、安全性、即时性等。但是把国内电商业务范围扩大至国际贸易业务和跨境电商业务，支付与结算方式一下就变得不那么简单了，需要考虑很多问题，不同的支付与结算方式差别很大，它们都有各自的优点、缺点、适用范围。

1.谈谈还有哪些跨境电商支付与结算方式，其优点、缺点是什么。

（1）信用卡收款。跨境电商网站可通过与Visa、MasterCard等国际信用卡组织合作，或直接与海外银行合作，开通接收海外银行信用卡支付的端口。

优点：欧美地区流行的支付方式，信用卡的用户人群非常庞大。

缺点：接入方式麻烦；需预存保证金；收费高昂；付款额度偏小；黑卡蔓延，存在拒付风险。

（2）Cashpay。

优点：加快偿付速度（2~3天），结算快；支持商城购物车通道集成；提供更多支付网关的选择，支持商家选择自己喜欢的币种提现。

缺点：在中国市场知名度不高。

（3）Moneybookers。

优点：安全，以电子邮箱地址为支付标识，付款人不再需要暴露信用卡等个人信息，只需要电子邮箱地址就可以转账；客户必须激活认证才可以进行交易；可以通过网络实时结算。

缺点：不允许客户拥有多个账户，一个客户只能注册一个账户。

2.利用互联网收集资料，谈谈你对跨境电商支付与结算发展现状的理解。

（1）多元化支付与结算方式。

随着技术的发展，跨境电商支付与结算方式也在不断创新和发展。除了传统的信用卡、借记卡支付外，电子钱包、移动支付、数字货币等新型支付与结算方式也在逐渐普及。这些支付与结算方式为消费者提供了更多的选择，也为商家带来了更多的便利。

（2）结算速度的提升。

随着技术的发展，跨境电商支付与结算的速度也在不断提升。通过区块链技术，可以实现实时支付与结算，大大提高了支付与结算效率。

（3）跨境电商支付与结算难题。

虽然支付与结算方式多样，但跨境电商支付与结算仍然面临一些挑战。例如，不同国家的货币汇率、支付习惯、法律法规等都可能影响支付与结算的顺利进行。此外，跨境电商支付与结算的安全问题也是需要重视的问题。

（4）政策支持。

许多国家和地区都在出台相关政策，支持跨境电商的发展，以优化跨境电商支付与结算环境。例如，我国政府推出了一系列的政策，包括设立跨境电商综合试验区、优化跨境电商零售进口税收政策等。

总的来说，跨境电商支付与结算的发展现状呈现出多元化、快速发展的特点，但也面临着一些挑战。随着技术的进步和政策的推动，跨境电商支付与结算将会有更大的发展空间。

任务二　支付宝跨境电商支付与结算

知识准备

引导问题：查阅相关资料，请阐述支付宝国际支付平台与PayPal有何区别，将表5-2-2补充完整。

表5-2-2　　　　　　　　支付宝国际支付平台与PayPal的区别

对比项目	支付宝国际支付平台	PayPal
通用币种	只能用人民币结算	具有全球性，通用货币有美元、加拿大元、英镑、欧元、日元、澳大利亚元等
买家或卖家保障	偏向于保护买家，只有买家点击"已收到货物"后款项才会转到卖家账户，以此抑制卖家的欺诈行为	偏向于保护卖家，一旦买家付款，款项会直接转到卖家账户
会员设置	会员没有等级划分	会员有不同的等级，每个等级都享有相应的利益保障
账户保护	一般不会被轻易关闭账户	账户投诉率过高会永久性关闭账户
手续费用	不收取转账手续费用	账户上的资金可以电汇到银行，但需要支付手续费

任务实施

王华的茶具目前有几个稳定的国外客户，一个巴基斯坦老客户下了一笔26000美元的茶具订单，客户收到货后，发现有190美元货值的茶具存在质量问题。鉴于是老客户，李刚决定退款190美元给老客户，客户发邮件告知李刚他的美国花旗银行卡号等收款信息。最后，通过支付宝国际汇款的方式，李刚向该巴基斯坦老客户退了190美元的货款，老客户更加信任李刚了。

请分析，王华是如何顺利实现支付宝国际汇款的，将表5-2-4补充完整。

表 5-2-4　　　　　　　　　　　　支付宝国际汇款流程

步骤及操作要点	图示
打开手机支付宝	
登录后，点击"更多"	

步骤及操作要点	图示
找到"国际汇款"，点击进入	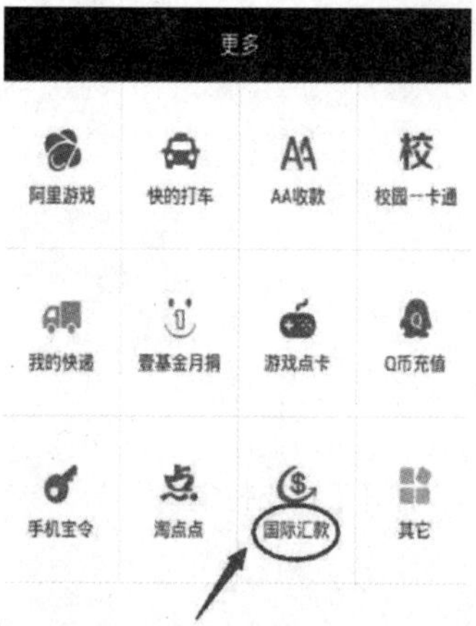
进入"国际汇款"，点击"立即汇款"	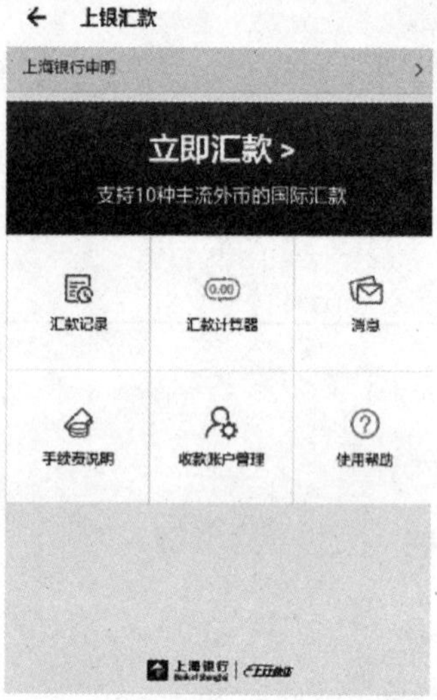
填写收款人信息	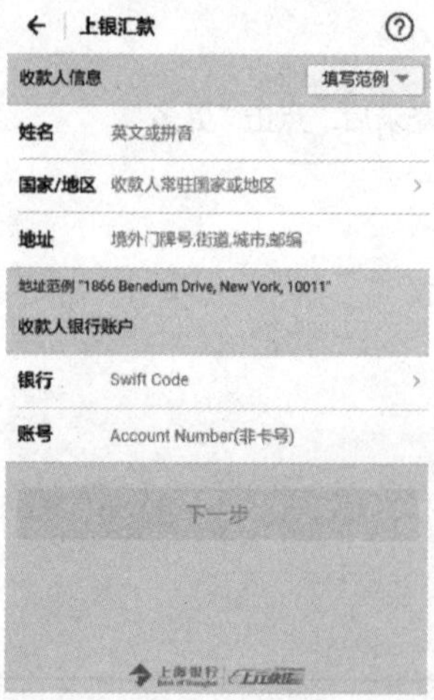

步骤及操作要点	图示
填写汇款信息	 ← ✕ ｜ 上银汇款　　　　　　　　　⑦ 汇款信息　　　　　　　　　　可汇金额 币种　　美元　　　　　　　　　　＞ 金额　　请输入外币金额 用途　　请如实选择，确保汇款成功　　＞ 附言　　可空，请勿填写无含义内容 汇款人 职业　　请选择　　　　　　　　　＞ 所在地　省，市　　　　　　　　　＞ 详细地址　详细到门牌号（请填写英文） 联系电话　非大陆号码请添加相应区号 认证银行　请选择已存银行卡进行身份认证　＞ 同意《上银汇款服务协议》
查看个人购汇申请书并确认	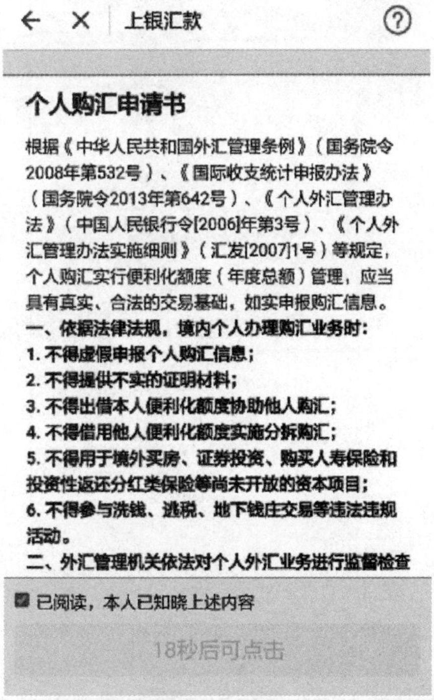 ← ✕ ｜ 上银汇款　　　　　　　　　⑦ **个人购汇申请书** 根据《中华人民共和国外汇管理条例》（国务院令2008年第532号）、《国际收支统计申报办法》（国务院令2013年第642号）、《个人外汇管理办法》（中国人民银行令[2006]年第3号）、《个人外汇管理办法实施细则》（汇发[2007]1号）等规定，个人购汇实行便利化额度（年度总额）管理，应当具有真实、合法的交易基础，如实申报购汇信息。 一、依据法律法规，境内个人办理购汇业务时： 1. 不得虚假申报个人购汇信息； 2. 不得提供不实的证明材料； 3. 不得出借本人便利化额度协助他人购汇； 4. 不得借用他人便利化额度实施分拆购汇； 5. 不得用于境外买房、证券投资、购买人寿保险和投资性返还分红类保险等尚未开放的资本项目； 6. 不得参与洗钱、逃税、地下钱庄交易等违法违规活动。 二、外汇管理机关依法对个人外汇业务进行监督检查 ☑ 已阅读，本人已知晓上述内容 18秒后可点击

步骤及操作要点	图示
确认预计用汇时间及购汇用途	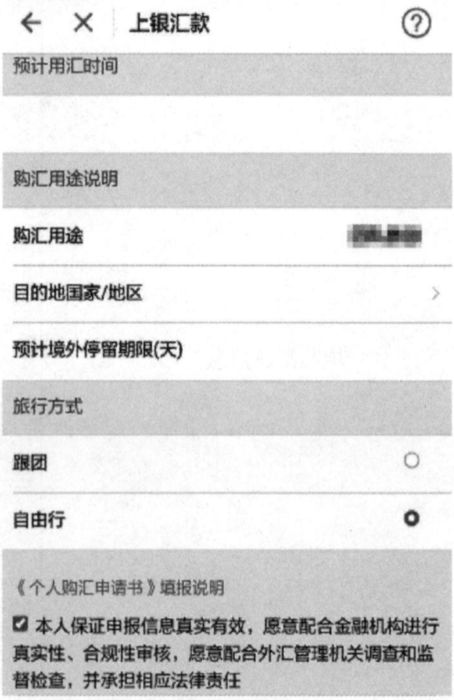 ← ✕ ｜上银汇款　　　　　? 预计用汇时间 购汇用途说明 购汇用途　　　　　　　　　▨▨▨ 目的地国家/地区　　　　　　　>　 预计境外停留期限(天) 旅行方式 跟团　　　　　　　　　　　　○ 自由行　　　　　　　　　　　◉ 《个人购汇申请书》填报说明 ☑ 本人保证申报信息真实有效，愿意配合金融机构进行真实性、合规性审核，愿意配合外汇管理机关调查和监督检查，并承担相应法律责任
确认信息并汇款	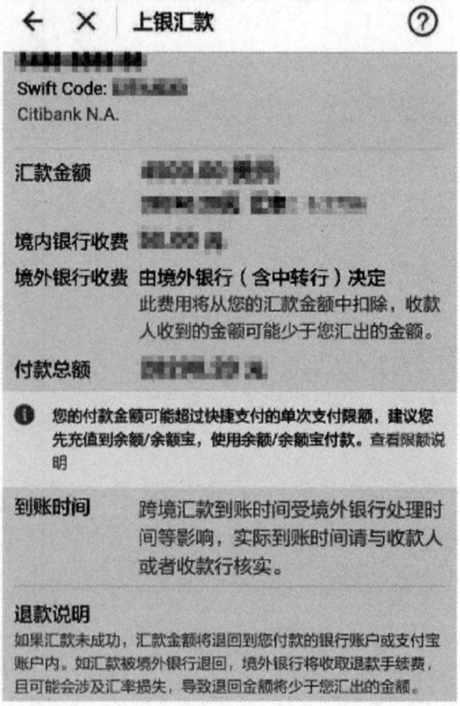 ← ✕ ｜上银汇款　　　　　? ▨▨▨▨ ▨▨▨ ▨▨ Swift Code: ▨▨▨▨▨ Citibank N.A. 汇款金额　　　▨▨▨▨ ▨▨▨ ▨▨▨ 　　　　　　　▨▨▨▨ ▨▨▨ ▨▨▨ ▨▨▨ 境内银行收费　▨▨▨▨ ▨ 境外银行收费　由境外银行（含中转行）决定 　　　　　　　此费用将从您的汇款金额中扣除，收款人收到的金额可能少于您汇出的金额。 付款总额　　　▨▨▨▨▨▨ ▨▨ ▨ ⓘ 您的付款金额可能超过快捷支付的单次支付限额，建议您先充值到余额/余额宝，使用余额/余额宝付款。查看限额说明 到账时间　　　跨境汇款到账时间受境外银行处理时间等影响，实际到账时间请与收款人或者收款行核实。 退款说明 如果汇款未成功，汇款金额将退回到您付款的银行账户或支付宝账户内。如汇款被境外银行退回，境外银行将收取退款手续费，且可能会涉及汇率损失，导致退回金额将少于您汇出的金额。

任务三　微信跨境电商支付与结算

知识准备

引导问题1：你知道微信支付有哪些境外合作方式吗？请列举出来。

（1）直连模式：微信支付直接与境外商家合作，签订协议后，资金直接清算给境外商家。

（2）普通服务商合作方式：微信支付会与境外商家签订协议，为境外商家提供境外收单业务，资金直接清算给境外商家。

（3）机构服务商合作方式：微信支付与境外支付机构合作，与境外支付机构签订协议，用户在境外支付机构所属商家消费时可使用微信支付进行支付与结算。

引导问题2：请根据图示流程，模拟微信跨境电商支付与结算操作，并填写表5-3-1。

表5-3-1　　　　　　　　　微信跨境电商支付与结算操作

步骤及操作要点	图示
步骤一：打开网站 https://www.lookfantastic.com/	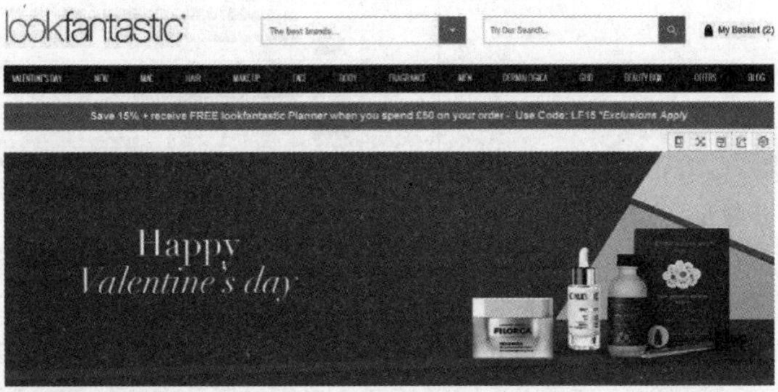
步骤二：在首页上方搜索栏中用英文输入想要购买的商品	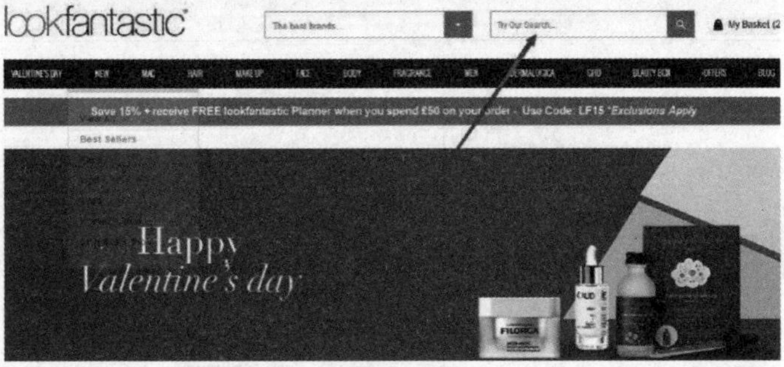

续 表

<table>
<tr><th>步骤及操作要点</th><th>图示</th></tr>
<tr><td>步骤三：搜索自己想购买的商品后，点击“ADD TO BASKET”</td><td>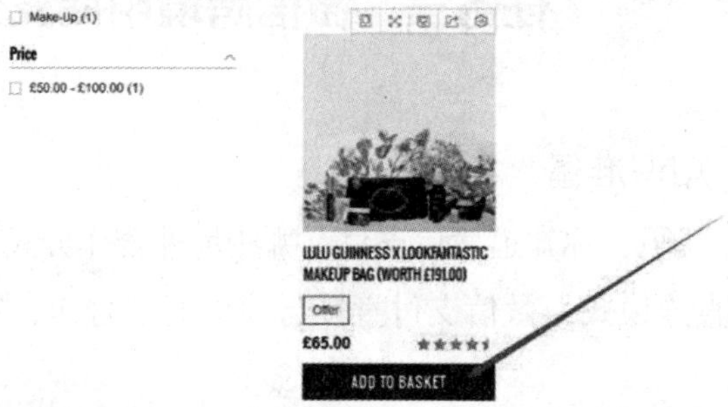
</td></tr>
<tr><td>步骤四：点击“VIEW BASKET”，查看自己的购物篮</td><td>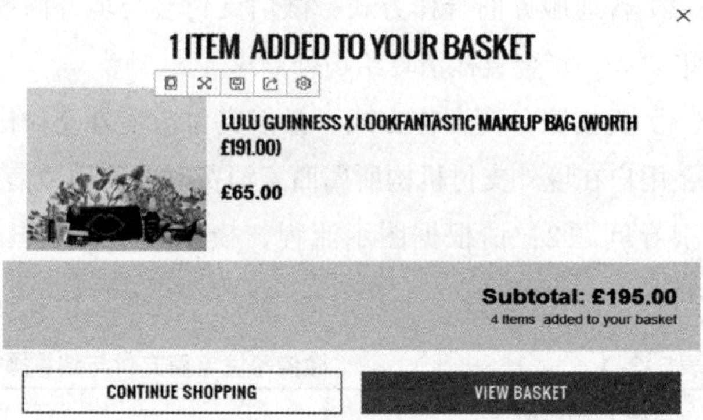
</td></tr>
<tr><td>步骤五：点击微信支付图标</td><td>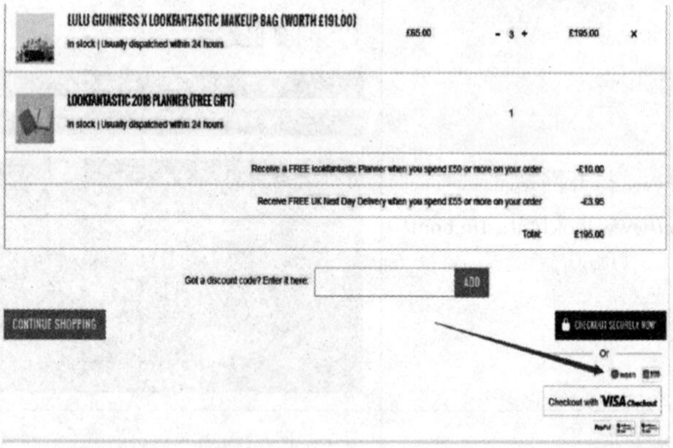
</td></tr>
<tr><td>步骤六：注册买家账号</td><td>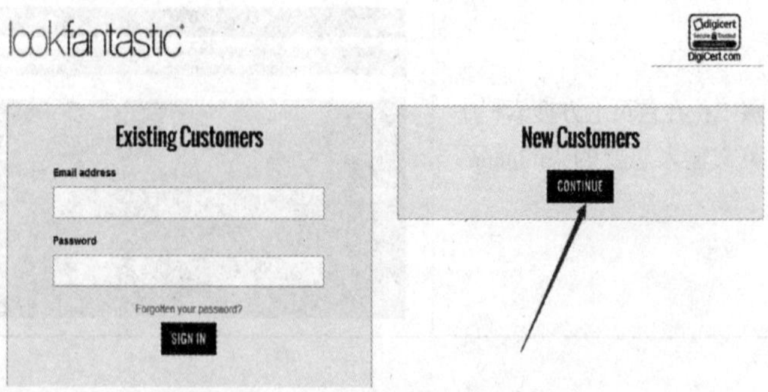
</td></tr>
</table>

步骤及操作要点	图示
步骤七：填写收货地址，选择微信支付，提交订单	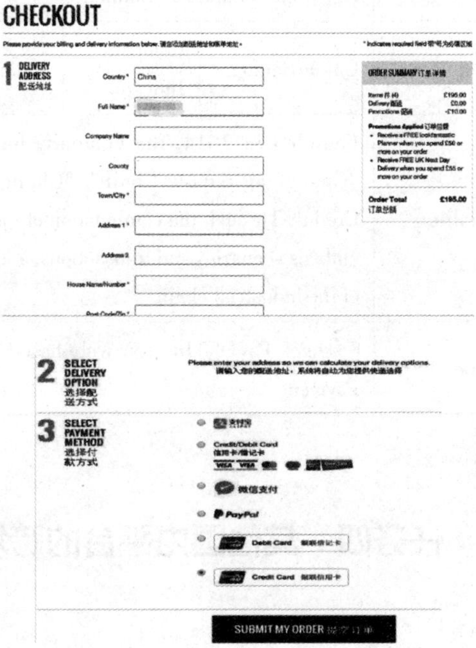

任务实施

请根据给定的资料，完成账户申请表的填写。

注册公司名称：长风跨境电子商务有限公司（Changfeng Cross-border Electronic Commerce Limited）

国家/地区：中国/北京（China/Beijing）

业务类型：网上零售

公司简介：长风跨境电子商务有限公司成立于2014年，创新性地打造"长风供应链""长风金服"以及"长风征信"三大优势平台。供应链平台通过产业和金融的结合，嵌入场景和交易，专注于产业链转型和升级。

表5-3-2　　　　　　　　　账户申请表

Vendor Information Form

Please fill out the vendor information form and email weixinpayglobal@tencent.com before applying to the WeChat Pay service. We will reach out to you in 7~15 business days after receiving your application to assist you with the application process.

Registered Company Name	Changfeng Cross-border Electronic Commerce Limited		Website URL		https://www.Changfengbj.com/
Country/Area	China/Beijing	Company Industry	Retail	Business Type	Online Retail
Company Profile	Founded in 2014, the company has created three advantageous platforms: "Changfeng Supply Chain", "Changfeng Financial Services" and "Changfeng Credit". Through the combination of industry and finance, the supply chain platform embeds scenarios and transactions, and focuses on the transformation and upgrading of the industrial chain				
Payment Type	☑ Quick Pay　☑ In-App Web-based Payment　☐ QR Code Payment　☐ In-App Payment				

任务四　其他国内平台的跨境电商支付与结算

知识准备

引导问题1：易宝支付跨境行业线的行业生态圈有哪些？

易宝支付跨境行业线的行业生态圈包括跨境电商、留学教育、旅游住宿、软件服务、通信服务、国际运输等。

引导问题2：易宝支付跨境行业线的产品优势是什么？

易宝支付于2013年首批获得跨境外汇支付业务试点许可，并成功办理完成了我国第一笔支付机构跨境外汇支付业务，于2015年获得跨境人民币支付业务资格。

易宝支付为助力商家跨境业务的发展，深度挖掘跨境行业机会，根据商家需求制定解决方案，联合跨境商家共同探索新的业务模式，不断推出多元化的跨境支付服务，为跨境企业的发展带来新蓝海。易宝支付开展跨境业务以来，以客户为本，通过提升支付技术，围绕行业定制跨境解决方案，在跨境电商、旅游住宿、留学教育等领域均有独特的优势。

引导问题3：易宝支付跨境行业线的合作伙伴有哪些？

易宝支付跨境行业线的合作伙伴包括洋码头、豌豆公主等。

任务实施

略。

参考文献

[1]戴小红，吕希.跨境电商物流实务[M].杭州：浙江大学出版社，2020.

[2]孙韬.跨境电商与国际物流——机遇、模式及运作[M].北京：电子工业出版社，2017.

[3]孙韬，胡丕辉.跨境物流及海外仓——市场、运营与科技[M].北京：电子工业出版社，2020.

[4]纵雨果.亚马逊跨境电商运营从入门到精通[M].北京：电子工业出版社，2018.

[5]陈旭华，蔡吉祥，陈俏丽.跨境电商物流理论与实务[M].杭州：浙江大学出版社，2020.

[6]陈碎雷.跨境电商物流管理[M].北京：电子工业出版社，2018.

[7]羊英，陈建，吴翠红.跨境电商物流实用教程[M].北京：中国海关出版社有限公司，2019.

[8]陆端.跨境电子商务物流[M].北京：人民邮电出版社，2019.